Brain Rules for Baby

100万人が信頼した
脳科学者の

絶対に賢い子になる子育てバイブル

ジョン・メディナ著
栗木さつき訳

ダイヤモンド社

BRAIN RULES FOR BABY

by

John Medina

First published in the United States by Pear Press.
Japanese translation rights arranged with Pear Press
c/o Nordlyset Literary Agency, Minnesota
through Tuttle-Mori Agency, Inc., Tokyo

はじめに
――みんなが知りたい「子どもの脳にいいこと悪いこと」に答えます

「赤ちゃんの脳の発達」について、初めて親になる人たちに講演をするとき、私はよく間違いを犯していた。胎内で発達しつつある脳の科学について、きっと興味深い話を聞きたいはずだと思い込んでいたからだ。

たとえば、「ここに神経堤《しんけいてい》がありましてね、こっちには神経細胞の軸索《じくさく》という突起があって……」といった話をすればよろこんでいただけると思っていたのである。

ところが講演後の質疑応答の時間になると、たいてい同じような質問が飛んでくる。

「お腹のなかにいるあいだに、赤ちゃんはなにを学習できるんでしょう?」

「赤ちゃんを連れて自宅に戻ったあと、結婚生活はどうなってしまうんでしょう?」

「うちの子をハーバード大学に入れるには、なにをすればいいんですかね?」

「娘を確実に幸せにするには、どうすればいいんですか?」

「どうすれば、孫はいい子に育つんでしょう?」と、切羽詰まった口調で尋ねられるのだ。

こっちはなんとかして神経細胞分化という深遠な世界へと話を戻そうとするのだが、みなさんが尋ねてくるのはだいたいこの5種類の質問と相場が決まっていた——とにかく、どこに行っても訊かれるのだ。

そんなことが繰り返された結果、ようやく思い込みの正体がわかってきた。

私は脳の神経細胞の話がしたいのに、**みなさんが知りたがっているのは「どうすれば赤ちゃんの脳にいいことができるのか」だったのである。**

だから本書では、彼らからたびたび尋ねられる、育児に関する具体的な質問にお答えしていこう。

紹介するアドバイスはどれも行動心理学、細胞生物学、分子生物学といった分野の研究を根拠にしている。

自力では生きていくことができない、このちっちゃい人間を育てていく大仕事を前に怖気づき、途方に暮れている新米ママやパパたちのお役に少しでも立てれば幸いだ。

子育てに必要なのは「正しい情報」

育児に関して親が必要としているのは「事実」であって、根拠のない「俗説」ではない。

ところが残念ながら、次から次へと刊行される育児書のなかから正確な事実を見つけるのは至難のわざだ。

それにネットを見れば育児ブログや掲示板もある。とにかく、あちこちに情報があふれかえっているのだ。そうなれば、なにを信じればいいのか見きわめるのはむずかしくなる。

科学のすばらしいところは、だれの肩ももたないことだ——そして妥協もしない。どの研究結果に信頼を置けばいいかがわかれば、問題の全体像が見えてきて、根拠のない俗説などあとかたもなく消えてしまう。

よって、本書でとりあげている研究結果は、しっかりと査読されて学術誌に掲載されたうえで、その内容をきちんと再現して確認できるものばかりだ。

私にとって子育ては「脳の発達に関すること」だ。私は分子発生生物学者で、精神障害の遺伝学的要因に強い関心をもっている。これまではメンタルヘルスの専門知識をもつ遺伝学者の立場から、企業や公的研究機関の研究コンサルタントとして相談に乗ってきた。そして乳幼児が分子、細胞、行動レベルで情報を処理する方法を研究すべく、シアトルのワシントン大学に隣接する地にタラリス研究所を創設した。

もちろん、科学者が脳に関するすべてを解明したわけではない。でも、私たちの知見を活用すれば、賢く、幸せな赤ちゃんを育てられる確率はぐんと高くなる。

読者のあなたは、つい先日、妊娠していることがわかったばかりかもしれないし、すでによちよち歩きのお子さんがいるのかもしれない。もしくは、これからお孫さんを育てなければならないのかもしれない。

そんなみなさんがよく尋ねてこられるおもな質問に、これからお答えしていく——と同時に、根拠のない俗説はそれが誤りであることを証明していこう。

ではまず、世間にまかりとおる俗説のなかから私のお気に入りをいくつか挙げ、事実を説明していく。

俗説　胎児にモーツァルトの曲を聞かせると、大きくなってから、算数や数学の成績がよくなる。

事実　赤ちゃんはただモーツァルトの旋律を覚えているだけだろう——胎内で聞いたほかの音、におい、味などと一緒に。将来、わが子に算数や数学でいい成績をおさめてほしいのなら、幼い頃から「衝動をコントロールする」ことを教えるのがいちばんだ。

俗説　乳幼児に言語教育のＤＶＤを見せると、語彙が増える。

事実　そうしたＤＶＤのなかには、乳幼児の語彙力を低下させるものもある。実際は、あなたが赤ちゃんに話しかけるときに使う語彙の数が多く、豊かであればあるほど、乳幼児の語彙力とＩＱの両方が上昇する。肝心なのは、あなたの口から、言葉が発せられていることなのだ――生身の人間の、いきいきとした言葉が。

俗説　子どもの知能を伸ばすには、「知育」玩具でいっぱいの部屋を用意し、幼児教育のＤＶＤをずらりと揃えなければならない。

事実　子どもの知能を伸ばす世界最高のテクノロジーは、無地の段ボール箱と新品のクレヨン一箱。これを与えて、２時間ほど遊ばせればいい。最悪なのは、お宅に鎮座している最新式薄型テレビだ。

俗説　「おまえは頭の出来がいい」と言い聞かせていれば、子どもは自信をもつ。

事実　そんなふうに言い聞かせていると、子どもは難問にチャレンジしたがらなくなる。将来、子どもに一流大学に進学してほしいのなら、「頭の出来がいい」と褒めるのではなく、子どもの「努力」を褒めよう。

俗説　子どもは自分の幸せを自力で見つける。

事実　幸福になれるかどうかを大きく左右するのは「友だちの有無」だ。あなたはどうやって友だちをつくり、交友を続けているだろう？　言葉以外の情報から相手の心情を察する「ノンバーバル・コミュニケーション」を活用しているのではないだろうか。

子どもが楽器のレッスンを続けると、ノンバーバル・コミュニケーションを活用する力が50％上昇する。いっぽう、メールなどテキストメッセージのやりとりをしていると、この能力が衰えるおそれがある。

「5歳まで」の子育てが人生を大きく左右する

本書は、0歳から5歳までの子どもの脳の発達について説明していく。**人生における最初の5年間――最初の1年間だけではない――の生活は、おとなになってからの行動にきわめて大きな影響を及ぼす。**

ある研究者のグループが、低所得者層の家庭で虐待を受けて育った未就学児に対して40歳の誕生日まで追跡調査を実施したところ、この事実が判明した。

ハイスコープ教育研究財団が実施し、この種の研究のなかでもっとも成果をあげたペリー就学前プロジェクトは、次のような手順を踏んだ。

1962年、研究者たちは考案した幼児教育プログラムの効果を実証したいと考えた。そこで彼らはミシガン州イプシランティに暮らす幼児たちを、無作為に二つのグループに分けた。そして、いっぽうのグループには就学前教育を受けさせ、もういっぽうのグループには受けさせなかった。

その後、この二つのグループのあいだにはさまざまな点で大きな違いが認められるようになり、幼児教育の重要性をはっきりと示した。

幼少時のIQテストや言語能力のテストから就学後の標準学力調査や読み書きの試験まで、さまざまな試験結果を検証したところ、測定可能なあらゆる能力において、就学前教育を受けた子どもたちのほうが受けなかった子どもたちよりすぐれていた。

経済学者たちは、社会がこうした就学前教育プログラムに投資した場合、その収益率は7~10%になると算出している。この数字は、これまでの歴史で株式市場に投資して得られた収益率よりも高い。ある分析によれば、4歳児の幼児教育に税金から1ドルを投資した場合、当人が65歳になったときには「現在の貨幣価値で7ドルから12ドルの利益」を社会に還元できるそうだ。

土壌(環境)と種子(遺伝)
――賢く幸せな子を育てるには両方がたいせつ

このハイスコープ財団の研究結果は、子どもを育てる環境がいかにたいせつであるかを示す最たる例だ。

けれど、そのいっぽうで、もって生まれた性質も同等に重要な役割をはたしている。

その昔、私は小学3年生の息子と一緒に、小学校の科学展に足を運んだことがある。にぎやかで活気にあふれたその会場で、私は息子と一緒に同級生たちの自由研究の成果を見てまわった。そのなかに、種子と土壌の実験結果を曲線で表現したものがいくつかあった。ある女の子は、実験で利用した複数の種子がどれも同一のＤＮＡをもっていることを説明するのに、とても苦労していた。

「こっちの種は栄養たっぷりの土に蒔き、きちんと水やりをしました。そして、こっちの種は栄養の足りない土に蒔いて、やっぱりきちんと水やりをしました。すると、すごく栄養のある土で育ったほうには、立派な植物が育ったんです」

そう言うと、少女は誇らしげにその鉢を私にもたせてくれた。

「でも、栄養の足りない土で育ったほうには、こんなしおれた植物しか育たなかったんです」と言って、少女はそちらの鉢も私にもたせてくれた。

少女が言いたかったのは、どちらの鉢でも種子がまったく同じように生長する機会はあったのに、「遺伝子が同じ」という条件だけでは同じ生長は見込めないということだ。

「種と土の両方がたいせつなんです」と、少女は説明した。

つまり、生まれと育ちの両方が重要なカギを握るのだ。

少女の言うとおりだ。そこで私は、賢く幸せな子どもの育児法について本書で説明していくうえで、この比喩を利用することにした。

子育てに関しては、親にコントロールできる要素もあれば、コントロールできない要素もある。なぜなら、種子があり、土壌があるからだ。世界各地のどんな環境で子どもを育てようと、「あなたのお子さんの可能性の50%は遺伝子に左右される」という事実を変えることはできない。

けれど、いい知らせもある。親であるみなさんが本書で紹介する方法を実践すれば、お子さんのために最善を尽くすことができるのだ。

さあ、賢くて幸せな赤ちゃんを育てる準備はできただろうか?

どうぞ、椅子にお掛けください。これからあなたを、魔法の世界にお連れします。

あなたが引き受けることにした「子育て」という一生でいちばん重要な務めは、一生でいちばん興味深くておもしろい体験になる可能性があるのです。

Part 1 赤ちゃんを迎える前に知っておきたいこと

第1章 妊娠期に親が最初にできること

第2章 最高の環境は夫婦の共感から生まれる

Part 2 絶対に賢く幸せな子になる子育て

第3章 生まれつき賢い子の資質とはなにか

第4章 賢く育てる環境のつくり方

第5章 幸せな子がもつ才能

第6章 幸せに育てる親の接し方

Part 3
道徳心のある子を育てる

第7章 脳科学的に正しい「ルールとしつけ」

Part 1

赤ちゃんを迎える前に知っておきたいこと

第1章

妊娠期に親が最初にできること

世間の「子育て論」は俗説だらけ

ある日のこと、これから子どもが生まれる夫婦のグループを前に講演をおこなった。すると講演後、客席にいた夫婦がいかにも不安そうな面持ちで近づいてきた。

「じつは、うちの父がアマチュア無線家なんですが」と、奥さんが口をひらいた。

「最近、夫にしきりに言うんです。そろそろ私のお腹をトントン叩いたらどうだって。それって、赤ちゃんにいいことなんでしょうか？」と、彼女は困惑したように言った。

「どうしてお腹を叩くんです？」と、私が尋ねた。すると、こんどはご主人が返事をした。

「ただ、ふつうに叩くわけじゃないんです。義父は私にモールス信号を覚えてほしいんですよ。そうすれば胎児の脳にメッセージを送れるようになって、将来、賢い子になる、と。ひょっとすると、お腹のなかの赤ちゃんもトンツーというリズムを覚えて、蹴り返してくれるかもしれないって、そう言うんです！」

するとと、奥さんが口をはさんだ。

「それで赤ちゃんの頭がよくなるんでしょうか？　ただでさえお腹が張って痛いのに、叩かれたくないんですけど」

この夫婦と一緒に、じつに楽しいひとときをすごしたことを覚えている。私たちはよく笑った。それでも、まじめに話をした。ふたりとも真剣な目で私を見ていたからだ。

こうした講演で、成長中の胎児の頭のなかでどれほどすばらしい変化が起こっているかを説明すると、会場にパニックがさざなみのように広がっていくのがわかる。

これから赤ちゃんを迎えようとしている夫婦は心配そうな顔をして、熱心にメモをとりはじめたり、興奮したようすで隣席の人と小声で言葉をかわしたりする。年配の親御さんは満足そうな表情を浮かべることもあれば、後悔しきりといった表情を浮かべることもある。なかには罪悪感に駆られているような顔をする人もいる。

だが共通して見られるのは、疑念、驚嘆、そして次から次へと浮かびあがってくる疑問だ。

「妊娠後期を迎える頃、胎児はほんとうにモールス信号を覚えられるんですか?」

「覚えられたとして、それがなにかの役に立つんでしょうか?」

胎児の頭のなかのようすについて、科学者たちは数々の事実をあきらかにしてきた。本章では、脳が発達する過程における極上のミステリー——すべてはひと握りのごく小さい細胞から始まる——を解きあかしていく。モールス信号が役に立つのかどうかも、胎児の脳の発達をうながすことが立証されているものについても、くわしく説明していく――なんと、それは四つしかないのだ。

本章ではまた、世間でまかりとおっている俗説が間違っていることもお伝えする。

手始めに、モーツァルトのCDは片づけていただいてかまわない。

まずは「刺激しない」こと

妊娠初期から中期にかけての胎児の発達に関して、いまわかっていることを一言でアドバイスすれば、こんなふうになるだろう。

「赤ちゃんは放っておいてほしいと思っています」

妊娠初期から中期の赤ちゃんにとって、胎内の住環境における最高の条件は「できるだけ刺激が少ないこと」だ。

胎内は暗く、湿っていて、あたたかく、頑丈で外の世界よりずっと静かだ。胎内はその状態を維持しなければならない。

受精卵が着床し、妊娠が始まると、妊娠初期の胎児である胎芽《たいが》の脳になる部位は1分間に50万個もの神経細胞（ニューロン）をつくりだす。そのスピードたるや、1秒あたり8

000個以上と驚異的なもので、このペースが数週間持続する。

妊娠3週目にはこのようすを観察できるようになり、妊娠期の半ばくらいまで続く。この短期間に、胎児にはやりとげなければならないことが山ほどある！

だから無知な親のせいで、この穏やかな環境を邪魔されるのは迷惑そのものだ。

進化生物学者のなかには、人間の妊娠につわりが付き物なのは、穏やかな環境を守るためだと考える人もいる。つわりは丸一日続くことがあり（なかには妊娠中ずっと具合が悪い人もいる）、妊婦は淡泊な味を好み、単調な食生活を送るようになる――多少なりとも、食べられればの話ではあるけれど。

このように刺激物を避ける戦略をとったからこそ、私たちの母方の祖先たちは、自然界の風変わりな食べ物や腐った食べ物に含まれる天然毒素を摂取せずにすんだ。

また、つわりに倦怠感がともなうおかげで、妊婦は赤ちゃんに危害を及ぼしかねない激しい身体活動を控えるとも考えられている。

つわりの役割

さらに研究者たちは、つわりのおかげで赤ちゃんが賢くなるとも考えている。

ある研究では、妊娠期にひどい吐き気に悩まされたり、実際に嘔吐したりした母親の子どものその後を調査した。すると学齢期に達したときには、その21%が標準的な知能検査でＩＱ（知能指数）130以上という結果をだした。いっぽう、母親につわりがなかった場合、そこまで高い知能指数をもつ子どもは7%にとどまった。

研究者はこの結果から、まだ証明されてはいないが、その原因について仮説を立てた。妊婦に吐き気をもよおさせる2種類のホルモンが、発達中の胎児の脳の神経に肥料をほどこす役割をはたしている説だ。母親が嘔吐すればするほど、肥料となるホルモンが分泌される。その結果、子どものＩＱが高くなるというわけだ。

このように諸説あるものの、とにかく赤ちゃんは「そっとしておいてもらう」ためなら、いろいろと手を尽くすらしい。

妊娠前期であろうと後期であろうと、親は胎内の赤ちゃんをそっとしておいてあげられているだろうか？

いや、つい、ちょっかいをだしている。

大半の親はなんとかして赤ちゃんの力になりたいと切に願っている――とりわけ、赤ちゃんの脳の発達をうながしたいと考えている。

こうした親の願望をあおっているのが、巨大な玩具業界だ。善意ある親たちの恐怖心につけこんでいるのだ。だが、これから本書で説明する内容をしっかりと理解すれば、みなさんは大金を無駄にせずにすむだろう。

赤ちゃんの脳の発達に効果がある知育商品はひとつもない

数年前、おもちゃ屋で買い物をしていたときのこと、新生児や幼児向けの「あなたの赤ちゃんを神童に」というタイトルのDVDのちらしが目にはいった。そこには、こんな謳い文句が並んでいた。

「赤ちゃんの脳の発達をうながせる！　生後30か月は、脳が進化するうえでもっとも重要な時期……このDVDで、あなたのお子さんも神童に！」

なんなんだこれは。

私はえらく腹を立て、そのちらしをくしゃくしゃに丸め、ゴミ箱に放り投げた。

こうした笑止千万の宣伝文句は、いまに始まった話ではない。

1970年代後半には、〈胎児期総合大学〉なる教育課程が商品として発売され、これを受講すれば胎児の頃から集中力、認知機能、語彙力が向上すると喧伝された。そのうえ、誕生後、受講した新生児には「優秀な赤ちゃん」であることを証明する学位まで授与された。

１９８０年代後半になると、〈プレガフォン〉なる発明品が登場した。スピーカーのようなものを妊婦のお腹に当て、胎児に母親の声やクラシック音楽を聞かせましょうというのだ。そのうえ、「ＩＱを高められる」という謳い文句の騒音をせっせと聞かせると効果バツグンであるという。

これが話題になると、またたくまに類似品が登場し、こんなフレーズがまことしやかに繰り返された。「お腹の赤ちゃんに字の綴り方を教えましょう！」「生まれる前からお子さんに外国語を！」「クラシック音楽を聞かせれば、将来、算数の成績がアップ！」などなど。

なかでも絶大な人気を誇り、一大ブームを巻き起こしたのがモーツァルトだ。

読者のみなさんも「モーツァルト効果」という言葉を聞いたことがおありだろう。１９９０年代になっても、こうしたニセ科学を利用した商品の人気は衰えなかった。

いまでも、どこかのおもちゃ屋に行って店内を歩いてみれば、似たような謳い文句を並べている商品が見つかるはずだ。でも、そうした商品の大半は、社内の実験でさえ効果が立証されていない。

そんな宣伝のちらしは、くしゃくしゃに丸めて、捨ててしまおう。

信じられないことに、胎児の脳の発達になんらかの効果があることが科学的に立証された商品は——科学的ではない手法で無責任に立証されたものでさえ——ひとつもない。

インチキ商品は子どもに悪影響を及ぼす

だが残念なことに、それが事実であるかどうかがまったく検証されないまま、次から次へと俗説が生まれ、人々を誘惑してきた。何年たっても、市場にはそうしたインチキ商品があふれ、疑うことを知らない親たちの弱みにつけこみ、親が必死で稼いだカネをもぎとろうとしているのだ。

売れる商品さえつくればそれでいいという風潮は、私たち研究者をぞっとさせる。インチキ商品を使用すれば、子どもに逆効果を及ぼしかねない。

それに、こうした商品ばかりが注目を浴び、ほんとうに意味のある研究結果が報告されても話題にならない場合もある。

それでも、たしかに、お腹のなかで成長している胎児の認知機能の発達をうながすために、親にできる方策はある。その方策に効果があることは何度も繰り返しテストされ、評価されてきたし、その結果は査読されたうえで論文として発表され、議論されてきた。その価値を理解するために、まず、発達過程にある胎児の脳についていくつか事実を知っていただこう。

胎児の脳で実際に起こっていることを垣間見れば、胎児向けの商品などただのインチキにすぎないことが、おわかりいただけるはずだ。

小さな細胞が脳になるまで

「赤ちゃんができるまで」という芝居の第一幕に登場するのは、1個の精子と1個の卵子だけ。この二つの細胞が結合すると、狭い空間で次から次へと細胞をつくりはじめる。この受精卵は胎芽という。お腹のなかの胎芽がくだす最初の判断は、きわめて実用的。どの部分を赤ちゃんの身体にして、どの部分を赤ちゃんのシェルターにするかを決めるのだ。

これはすぐに決まる。ある細胞は胎児の家の建設に割り当てられ、そこから胎盤と水を入れた風船をつくり、そのなかを胎芽が漂うことになる。これが羊膜腔《ようまくこう》だ。一部の細胞は胎芽をつくる任務に就き、内部細胞塊《ないぶさいぼうかい》という内部組織のかたまりを形成する。

ここでしばし、そうした細胞に思いを馳せてみよう。というのも、この段階の内部細胞塊にはひとつの細胞が含まれていて、その子孫全体が人間の脳を形成していくからだ。それはまるで、このうえなく複雑な情報処理のデバイスが製造されていくようなものだ。

胎芽が海のなかを漂っているような、そのようすを見物できれば、内部細胞塊には実際に細胞がぎっしりと群れていて、お祭りの屋台で次から次へと注文を受け、忙しく料理をしている人のように動きまわっていることがわかるだろう。

この細胞たちはやがて三つの層をつくり、チーズバーガーのようなかたちになる。パンの下の部分は内胚葉といい、臓器や気管支などを形成する細胞システムになる。チーズバーガーのパテにあたる層は中胚葉で、赤ちゃんの骨、筋肉、血液、そしてさまざまな結合組織をつくっていく。パンの上の部分は外胚葉で、赤ちゃんの皮膚、髪の毛、爪、神経系をつくりだす。この外胚葉のなかに、脳になる前の段階の驚異的に小さな細胞が宿っているのだ。

さらに細かく観察すると、パンのてっぺんの真ん中のあたりに細胞の細い列ができているのがわかる。やがてその下に、丸太のようなかたちの円筒ができ、上の細胞列に沿うようにして長くなっていく。この円筒が神経管だ。神経管ができると、こんどは脊柱が発生する――脊柱の端っこは赤ちゃんのお尻になり、反対側の端っこが赤ちゃんの脳になる。

妊娠初期は積極的に「葉酸を摂取」

この神経管が適切に発達しないと、赤ちゃんの脊髄が損傷したり、腰のあたりに腫瘤ができたりする二分脊椎《にぶんせきつい》が生じる場合がある。

また、ごくまれにではあるけれど、頭部に欠損がある状態で胎児が成長する無脳症が生じる場合もある。

こうした理由から、妊婦向けの本ではかならずビタミンB群の葉酸の摂取を勧めている。

葉酸には神経管を適切に発達させる効果があるからだ。

受胎する頃と妊娠初期の数週間に葉酸を摂取している妊婦は、葉酸サプリメントを摂取していない妊婦と比べて、神経管欠損症の赤ちゃんを産む確率が76％低い。

赤ちゃんの脳の発達をうながすために、妊婦に最初にできること。

それは葉酸の摂取だ。

研究者は、新生児の先天異常の３分の２近くの原因を、いまだに特定できずにいる。それどころか先天異常のなかで、特定のＤＮＡが原因だと考えられているのは全体の４分の１にすぎない。これほどまでに原因が解明されていないのは、どうやら母体に安全装置のような機能があるためらしい。

胎児の成長中、なにかがうまくいかないと、母体は異常を察知し、わざと流産を引き起こす。妊娠の約20％は自然流産に終わる。そのうち、先天異常の原因として悪名高い環境有害性物質が原因である割合は、動物実験では10％にすぎないという結果がでている。

人間の脳はまさに奇跡

幸い、大半の赤ちゃんの脳は無事に形成される。神経管の端っこ、脳を形成する部分は、珊瑚が複雑なかたちに生長するように細胞の突起をつくりながら、一大建設プロジェクトを進めていく。そして、ついに脳という巨大建造物ができあがる。妊娠1か月を迎える頃には、最初はたった1個だった細胞が数百万もの細胞の集合体となり、いわば屈強な軍隊となって脳を形成していく。

私たちの発達の過程は進化と深くかかわっていて、この奇跡を地球上のあらゆる哺乳動物と共有している――ただひとつのことを除いて。

胎芽の神経管の端っこにあるこうした突起は、やがて脂肪の多い大きな脳、それも飛び抜けて聡明な脳になる――身体に対する脳の質量がこれほど重い動物はほかに類がない。

この巨大な構造物は、クモの巣のように繊細な細胞の網でできていて、小さな稲妻が走るように電気が信号を送っている。

ここで重要なのは2種類の細胞だ。

ひとつはグリア細胞で、あなたのお子さんの脳細胞の90％を構成する。このグリア細胞が脳のかたちをつくる。

もうひとつの細胞は、おなじみのニューロン（神経細胞）。正確に情報を処理する手助けをする。

あなたのお子さんが考え事をするときにはせっせと仕事をするけれど、このニューロンが脳細胞全体に占める割合はたったの10％程度にすぎない。おそらくそこから、人間は脳の10％しか使っていないという俗説が生まれたのだろう。

脳は20代まで発達を続ける

では、細胞はどのようにして脳になるのだろう？

胎芽の細胞は、神経発生というプロセスを経てニューロンになる。だからこそ、妊娠期における前半、赤ちゃんはとにかく放っておいてほしいと思うのだ。そして妊娠期の後半、ニューロンはやがて家となる領域に移住し、いわば電線のようなものでつながりはじめる。これがシナプス形成だ。

シナプス形成は長期にわたるプロセスである。その理由は簡単。そのプロセスがとてつもなく複雑だからだ。

ニューロン1個が配線の仕事を終えるには、近隣のニューロンと平均1万5000回つながらなければならない。ニューロンのなかには10万回以上、接続するものもある。

つまりあなたの赤ちゃんは脳を完成させるまでに、1秒あたり1800万回もの新たな結合をこなさなければならない。でも、多くのニューロンはこのプロセスを完了することがない。交尾を終えたサケのように、ただ死んでしまう。

こうした驚異的なスピードをもってしても、赤ちゃんの脳の発達は出産に間にあわず、完成にいたらない。シナプス形成の約83%は出産後も続く。

驚くべきことに、女の子の脳の配線は、20代前半になるまで完全には終わらない。男の子の脳にいたっては、それより長くかかることもある。

人間において、脳はいちばん最後に発達を終える器官なのだ。

赤ちゃんは、いつ親の声を聞き、においを嗅げるようになるのか

脳は妊娠期の前半、神経解剖学の店の開店準備に時間を費やす。そしてありがたいことに、親が胎児とかかわろうとしても、そんなものはほぼ無視する（ここではあくまでも親が「よかれと思って」おこなう干渉のことを指している。麻薬、それにアルコールやニコチンなども、あきらかに胎児の脳に悪影響を及ぼしうる）。

だが妊娠期の後半になると、話は変わってくる。

脳の発達がおもに神経発生からシナプス形成へと移行し、胎児は外界からの刺激を以前より敏感に感じとるようになるからだ。細胞の配線は、とにかく細胞をせっせとつくりだす行為よりも、外界からの刺激に大きく影響を受けるようになる。

妊娠後期の赤ちゃんは外からの刺激を覚えている

「とにかく、すぐにわかったんだよ！」と、名指揮者のボリス・ブロットは興奮さめやらぬ口調で、電話で母親にまくしたてた。彼は交響楽団の指揮台に立ち、ある曲を初めて指揮していた。そしてチェロ奏者が演奏を始めたとき、ふと思った。

おや、この曲は前にも聞いたことがあるぞ。

記憶の彼方にある似たような曲をたまたま思いだしたわけではない。だって、次にどんなフレーズがくるのか、正確に予測できたからだ。結局、リハーサルのあいだずっと、曲全体の流れを予測することができた。それどころか、いま譜面のどこを演奏しているのかわからなくなったときでさえ、どう指揮すればいいかが把握できたのである。

びっくりしたブロットは、プロのチェロ奏者である母親に電話をかけた。母親は、なにを演奏したのと曲名を尋ね、それからいきなり笑いだした。それはブロットがお腹のなかにいたとき、彼女がずっと練習していた曲だったのだ。彼女のチェロは、妊娠後期を迎えた腹部の真ん中あたりにぶつかる格好で立てられていた。つまり音が伝わる液体が詰まった環境に身を置いていた息子は、生まれる前から、この曲の情報を浴びるように聴いていたのである。

発達過程にあった脳では、その曲を覚えておくだけの感覚器が充分に発達していた。

「あ、この曲知っている。譜面をぱっと見ただけで、そう思った曲はどれも、母が私を妊娠中に演奏していたものでした」と、のちにブロットはインタビューで語っている。

0歳児未満の器官にしては、驚異的な能力だ。


これは、胎内の赤ちゃんが外界からの情報を受信する例のひとつにすぎない。

これから見ていくように、**妊婦が食べるもの、妊婦が嗅ぐものが、赤ちゃんの知覚に影響を及ぼす場合がある。新生児にとって、胎内で受けた刺激は慣れ親しんだ家庭の安らぎとなるのだ**。

では妊娠期を通じて、赤ちゃんの感覚――触覚、視覚、聴覚、嗅覚、平衡感覚、味覚――がいつ機能するようになるのか、くわしく見ていこう。

触覚——妊娠12週目には感知できるようになる

もっとも早く出現する感覚のひとつが、触覚だ。

胎芽は生後約１か月で鼻や唇への接触を感じるようになる。この能力はすばやく発達し、12週目には皮膚の表面ほぼ全体への接触を感知できるようになる。

妻が次男を妊娠し、妊娠後期の中盤に差しかかった頃、私はこれを目の当たりにした。息子はお腹のなかでよく動き、サメのひれのようなでっぱりが妻のお腹を横切るのが見えたし、お腹が膨らんだり、へこんだりすることもあった。少々不気味だった。でも、ものすごく感動的でもあった。

あのでっぱりは、ちっちゃいわが子の足にちがいない。そう考えた私は、ある朝、そのでっぱりが浮きあがったとき、さわってみた。すると、そのでっぱりはすぐさま「蹴り返して」きた。興奮のあまり、妻と一緒に思わず声をあげたものだ。

同じことを妊娠期の前半で試したところで、胎児はなんの反応も示さないだろう。妊娠

5か月頃までは、胎児には接触を感じることができない。その時期は、胎児の脳が「身体の地図」を描くことに専念しているからだ――全身に神経を張りめぐらせる作業に集中しているのだ。

妊娠後期を迎えると、胎児は回避行動をとるようになる（たとえば生体組織診断の際にすぐそばまで針が近づいてくると、泳いで逃げようとする）。こうした行動から「胎児は痛みを感じる」と結論づけることができるが、これを直接、測定することはできない。

この頃には、胎児は温度も感じられるようになっているようだ。とはいえ、温度を感じるための神経の配線は、出生時にもまだ完了していない。外の世界を体験して初めて、温度を感じる感覚が充分に発達するからだ。

視覚――出生後も発達する

赤ちゃんは胎内でものを見ることができるのだろうか？

これはなかなかむずかしい質問だ。というのも、視覚はいちばん複雑な感覚だからだ。

視覚が発達を始めるのは妊娠から約4週間後で、胎児のちっちゃい頭の両側に小さな点のような目が形成される。すると、この点のなかに、すぐにおわんのような構造ができて、その一部がのちに眼球の水晶体となる。

この原始的な眼球の背後から、やがて網膜神経がくねくねと伸びてきて後頭部に到達し、のちに視覚皮質を形成する領域と接続する。この皮質にいた細胞たちもそれまで忙しくすごしていて、神経系の旅を続けてきた旅人を出迎える準備をととのえている。そして両者は協力関係を結ぶ。

妊娠中期と後期には、脳では1日に約100億ものシナプスが新たに形成されるようになる。

赤ちゃんが片頭痛を起こしそうな勢いだ！

こうした活動のおかげで、まばたきをしたり、瞳孔を拡大したり、動く物体を追ったりする神経回路が、誕生する前にできあがる。実験によれば、妊娠後期に入ったばかりの胎児は、子宮に強い光が当てられると動いたり、心拍数を変えたりするうえ、その両方の反応を示す場合もあるという。

充分に機能する神経回路をつくるには、赤ちゃんは9か月以上の時間を必要とする。

そして出生後も、脳は1年ほど、外部からの視覚の刺激を利用しながら1日に100億ものシナプスをつくりつづけていく。

聴覚――妊娠中期には母親の声を聞きとれるようになる

妊娠6か月を迎える頃には胎内の赤ちゃんに音を聞かせられるようになり（たいてい、うまくいく）、胎児の脳が弱いながらも電気的な反応を示すようすがわかって、あなたはその反応に聞きいって驚異の念に打たれるかもしれない！

その翌月には、このコール・アンド・レスポンスは強さだけではなく、反応のスピードも上昇する。さらにもう1、2か月後には、なにもかもが変わる。出産予定日より早く生まれた赤ちゃんがいるようなもので、胎児は音を聞いたり、反応したりするだけではなく、「あー」「いー」「ばー」「びー」といった音の違いを聞きわけられるようになる。

胎内の赤ちゃんは、妊娠中期にはお母さんの声を聞きとれるようになる。そして出生時にも、ほかの人の声よりもお母さんの声を好む。生まれたあと、胎内の音の環境を再現し、母親の声をわざとくぐもらせて聞かせると、赤ちゃんはとりわけ強く反応する。妊娠中に母親が見ていたテレビ番組にさえ反応する。

ある愉快な実験では、臨月を迎えた胎児に某メロドラマのオープニング曲を聞かせた。すると、そうした赤ちゃんは生まれたあと、そのオープニング曲が聞こえたとたんに泣きやんだという！　いっぽう、対照群にはそうした明確な反応は見られなかった。

だからといって読むものや見るものに注意しなくちゃと、妊婦が神経をとがらせる必要はない。

新生児は胎内ですごした最後の時期に聞いた音をよく覚えていることを、お伝えしたいだけなのだから。

嗅覚——妊娠6か月以降に嗅いだにおいを好む

同じことは嗅覚にもあてはまる。

受精からたった5週間後には、脳が嗅覚のために複雑な配線をしているようすが見てとれるはずだ。とはいえ、ほかの感覚と同様、そこに仕組みができたからといって、すぐに知覚できるようになるわけではない。

最初、赤ちゃんはひどい鼻づまりを起こしている。鼻腔には、商品を保護するラップのような働きをすると思われる物質が詰まっていて、きちんと機能できるようになるまで、鼻のなかの繊細な組織を守っている。よって、私たちが知っているような意味でにおいを嗅ぐのは、おそらく無理だろう。

妊娠後期になると、この状態に大きな変化が起こる。鼻の内部を保護していた詰め物のようなものは鼻水（粘膜）にあとをゆずり、たくさんのニューロンが脳の感覚野と直接結びつく。母親の胎盤も以前ほど神経質ではなくなるので、以前より多くのにおいにかかわる分子（におい物質）が胎内に入ってくる。

こうした生物学的な変化によって、**妊娠6か月以降の赤ちゃんがにおいを感じる世界はいっそう豊かになり、いっそう複雑になる**。なにも、においを発するものが胎児の鼻の下にくる必要はない。お母さんがつけている香水の香りや、食べたニンニクのにおいまで感知できるのだから。

新生児になると、胎内で嗅いだにおいを好む場合があるかもしれない。こうした好みは「嗅覚のラベリング」と呼ばれている。脳神経学者であるリザ・エリオットが述べているアドバイスの基本は次のとおり。

赤ちゃんが生まれた直後は、石鹸とお湯で身体を洗ってはならない。羊水のにおいが赤ちゃんを落ち着かせることが、研究でわかっているからだ。

なぜだろう？

音と同様、においもまた赤ちゃんに、これまでの9か月をすごした居心地のいい胎内を思い起こさせるからだ。

平衡感覚——妊娠8か月で特定の反射を示す

あなたがすでに自宅に赤ちゃんを迎えているのなら、仰向けに寝かせてみよう。それから、両足または両腕をそっともちあげてから手を離し、自然にベッドに戻らせよう。赤ちゃんはたいてい腕を外側に伸ばし、てのひらを上に向け、親指を曲げ、びっくりした表情を浮かべる。これがモロー反射だ。

妊婦が妊娠8か月を迎える頃には、たいていこのモロー反射をお腹のなかでも感じることができる。

この本をやわらかいベッドの上で読んでいる妊婦さんは、試しにごろんと寝返りをうってみよう。座っているのなら、立ちあがってみよう。

お腹のなかで、なにか大きな動きを感じただろうか？

胎児は胎内にいるときから、完全なモロー反射を示す。お母さんが寝返りをしたり、急に立ちあがったりすると、胎児はモロー反射を示しやすい。

モロー反射はたいてい赤ちゃんがびっくりしたとき、とりわけ自分が落ちているように感じるときに示す正常な反応だ。これは人間に生来、唯一そなわっている恐怖反応だと考えられている。赤ちゃんがこうした反射を示すのは欠かせない。しっかりとモロー反射ができないと、神経障害があるおそれがある。

赤ちゃんは生後5か月までにモロー反射ができるようになる必要がある。タイムリミットがあるわけだが、生後5か月をすぎてもモロー反射が続く場合も、神経障害があるおそれがある。

モロー反射は、かなりの運動機能（動くこと）と前庭器官（平衡感覚）が、妊娠8か月ですでに胎児のなかで発達していることを示している。前庭器官がそなわっていると、筋肉がつねに耳とコミュニケーションをとれるようになる。そのすべてを調整しているのが脳だ。モロー反射ができるようになるには、このコミュニケーション能力がかなり高くなっている必要がある。

もちろん、最初から器械体操をこなせる能力がそなわっているわけではないけれど、胎児には「胎動」を始めることができる。

妊娠6週を迎える頃から、胎児は手足をバタバタと動かせるようになるものの、その後も5週間ほどは、母親はこの動きを感じることができない。この胎動にもまた重要な意味がある。母親が胎動を感じられない場合、赤ちゃんの関節がきちんと発達していないおそれがあるのだ。

妊娠後期の中盤を迎える頃には、赤ちゃんは意識して身体に指示をだし、一連の協調運動をおこなえるようになる。

味覚——妊娠後期の赤ちゃんは母親の食事を一緒に味わっている

味覚をつかさどる組織は、妊娠8週を迎える頃までは出現しない。とはいえ、その組織ができたとたんに、なにかを味わう能力がそなわるわけでもない。味がわかるようになるのは、妊娠後期を迎えてからだ。

この頃になると、私たちになじみのある行動を観察できるようになる。妊娠後期を迎えた赤ちゃんは、母親が甘いものを食べていると羊水を飲み込むパターンを変える。たくさん飲み込むようになるのだ。

母親の食事からもたらされる風味豊かな化合物は、胎盤から羊水へと入っていく。妊娠後期の赤ちゃんは羊水を1日約1リットルの割合で飲み込む。**この影響はきわめて大きく、妊娠後期に母親の摂取した食べ物が、赤ちゃんの食べ物の好みに影響を及ぼす場合がある。**

ある研究では、妊娠したラットの子宮に、科学者がリンゴジュースを注入した。このラットから子どもが生まれると、その子たちはリンゴジュースを好む強い傾向を示した。同様の味の好みは人間にも起こる。妊娠後期にニンジンジュースをたくさん飲んでいた母親から生まれた赤ちゃんは、ニンジン風味のシリアルを好んだ。

これは味覚のプログラミングと呼ばれていて、赤ちゃんが生まれた直後でも試すことができる。授乳期間中にサヤインゲンと桃を食べていた母親が子どもに授乳すると、離乳したあとの幼児もまた同じ好みを示すようになった。

胎盤を通過するものがなんであれ、それが胎児の好みに影響を及ぼす可能性があるというわけだ。

なにごとも塩梅《あんばい》がたいせつ

触覚、視覚、聴覚、嗅覚、味覚と、胎内の赤ちゃんは徐々に五感を発達させていくようになる。では、その発達をうながしたいと願う親はどうすればいいのだろう？

運動能力が重要であるのなら、妊婦は胎内のわが子がモロー反射をするように、10分おきに側転をするべきなのか？

胎内で食べ物の好みが決まるのなら、将来、わが子に果物や野菜を食べさせるために、妊娠後期の母親はベジタリアンになるべきなのか？

モーツァルトを聞かせればモーツァルトが好きになり、同じ絵本を何度も音読して聞かせればその絵本が好きになるのなら、胎児の脳に刺激を与える有効な手法がほかにもあるのだろうか？

仮説を立てるのはしごく簡単。そして、警告するのもやはり簡単だ。

こうした研究は、現在、判明している研究結果の一部にすぎない。だが、親はこうしたデータが意味するところを、つい大げさに解釈してしまう。たしかにどれも研究テーマとしては興味深いけれど、現在のデータだけでは胎児の脳のはたらきの謎を解明するにはまだ充分ではない。ただ胎児の段階で、すでに脳が機能しはじめていることをあきらかにしているにすぎないのだ。

ゴルディロックスの原理
——多すぎても少なすぎてもダメ

赤ちゃんの脳の発達について考えると、私はいつも「3匹のくま」という童話を思いだす。金髪の少女ゴルディロックスが、くま一家の留守中に、一家が暮らす小屋に勝手に入っていき、結局は室内をめちゃめちゃにしてしまうお話だ。

少女はお粥の味見をしたり、椅子に座ってみたり、ベッドに寝転がってみたりする。少女には、くまのお父さんやお母さんのものは具合がよくなかった。量が多すぎたり、サイズが大きすぎたりして、自分にはあわなかったのだ。

けれど、くまの赤ちゃんのものは、お粥の温度からベッドの寝心地まで、すべてが「ちょうどいい塩梅」だった。

有名な童話にはさまざまなバージョンがあるように、この一風変わった短いお話にもさまざまな解釈がある。けれど、どのバージョンでも「ちょうどいい塩梅」が肝心だという原則は変わっていない。

多くの生物が、この「ちょうどいい塩梅」を生態で活用していて、科学者はこの現象にきわめて非科学的な名前をつけた――童話の少女の名前から「ゴルディロックスの原理」と名づけたのである。

この現象が一般的に見られるのは、苛酷な世界で生物が生き残るにはうまくバランスをとらなければならないからだ。

多すぎてはダメだけれど、少なすぎてもダメ。

温度にせよ、水にせよ、その塩梅がよくないと、恒常性《ホメオスタシス》を維持できなくなり、生態系がおかしくなってしまう。生物学的なプロセスをしっかりと説明するには、この「ちょうどいい塩梅」の考え方が欠かせない。

赤ちゃんの脳の発達をうながすことが証明されている四つのもの

胎児の脳の発達をうながすことが証明されている行動――とくに妊娠期の後半に重要なこと――にはすべて「ゴルディロックスの原理」があてはまる。妊婦が留意してバランスをとるべきものは以下の四つだ。

- **体重**
- **栄養**
- **ストレス**
- **運動**

①体重――ちょうどいい塩梅に増やす

妊娠したら、食べる量を増やさなければならない。

そして食べすぎなければ、きっと頭のいい赤ちゃんが育つだろう。

なぜなら、赤ちゃんのＩＱは、脳の体積によってどう機能するかが決まるからだ。脳の大きさで、知能指数のデータのばらつきの程度を示す「分散」の20％程度を予測できる（ちょうど額の後ろにある前頭前野の大きさが重要なカギを握る）。

脳の体積は、出生時の赤ちゃんの体重と相関関係にある。つまり、ある程度は体重の重い新生児ほど賢いといえる。体重に相関するＩＱの上昇は、赤ちゃんの体重が約３０００グラムに到達した時点でゆるやかになる。よって、３０００グラムほどの赤ちゃんと３４００グラムほどの赤ちゃんでは、ＩＱの差はわずか1ポイントしかない。

食べ物という燃料を与えれば、胎児が大きく育つ助けとなる。

妊娠４か月から出産までのあいだ、胎児は母親が食べるもののタイプとその量に対して、とんでもないほど敏感に反応する。 栄養失調に関する研究からも、これは立証されている。

妊娠中、母親が危機的なまでに栄養不足におちいると、その後、生まれた赤ちゃんのニューロンの数は少なくなり、その限られた数のニューロン同士のつながる回数も少なく、つながる時間まで短くなるうえ、妊娠中期にはニューロンをとりまく絶縁体の量までもが少なくなる。

こうした脳をもつ赤ちゃんが成長すると、行動に問題が見られるほか、言語の習得が遅い、ＩＱが低い、成績が悪い、そして一般的に運動能力が低いなどの症状が見られるようになる。

また妊娠の重要な時期に、妊婦が摂取する食糧のタイプもまた重要だという証拠が次々と発表されている。

次に、妊婦が食べたい物と、赤ちゃんの脳の発達に最適な食べ物とのバランスについて見ていこう。

残念ながら、妊婦が食べたい物と、赤ちゃんの脳の発達に最適な食べ物が一致するとはかぎらない。

②栄養――適切なものを食べる

女性は妊娠すると、食べ物の好みに関してふしぎな体験をする。大好きだった食べ物を急に受けつけなくなったり、いままで嫌いだった食べ物を無性に食べたくなったりするのだ。

なかでも「妊婦が食べたくなる風変わりな食べ物トップ10」の常連は、ベビーパウダーと石炭だ。埃を舐めたくなった妊婦さんもいる。こうした異食症は妊婦によく見られる症状で、1か月以上継続して、土や粘土など、食べ物ではないものを食べたくて仕方がなくなる障害だ。

はたしてこれは「こういう栄養が必要だ」と、お腹のなかの赤ちゃんが発信しているから起こる症状なのだろうか？

その答えは「ノー」だ。

鉄分不足を胎児が察知するという証拠はいくつかあるが、そのデータは充分ではない。たいてい問題となるのは、当人が日常生活で食べ物をどんなふうに利用しているかだ。たとえば心配性の人がチョコレートに含まれる化合物に安らぎを得ていれば、ストレスを感じるたびにチョコレートが食べたくて仕方がなくなるかもしれない――そして妊娠期の女性はストレスを感じることが多い。じつのところ、妊婦が突然、ある食べ物を食べたくて仕方がなくなる、その明確な理由はわかっていないのだ。

健全な成長のために、胎児の身体は45種類の栄養素を必要とする。しかもこのうち38種類もの栄養素が、神経系の発達にきわめて重要なかかわりをもっている。妊婦向けのビタミンのサプリメントのラベルを見れば、その栄養素のリストがわかるだろう。

ニューロンに必要なのはオメガ3脂肪酸

いまのところ、胎児の脳の発達をうながすことが充分なデータを基盤に立証されているサプリメントは2種類しかない。

ひとつは、妊娠する頃の摂取が望ましい「葉酸」。

もうひとつは「オメガ3脂肪酸」だ。

オメガ3脂肪酸はニューロンを形成する膜組織に欠かせない構成要素で、不足するとニューロンの機能が低下する。人体は自力でオメガ3脂肪酸をつくるのが苦手なため、これを神経系にとりこむには外部から調達しなければならない。そこで、魚をせっせと食べなさい、というわけだ。それも脂肪分の多い魚がいい。

オメガ3脂肪酸を充分に摂取していない人は、文字の読み書きが苦手なディスレクシア、注意欠陥障害、うつ病、双極性障害、統合失調症のリスクがきわめて高くなることを、研究結果が示している。とはいえ、大半の人は日々の食事からオメガ3脂肪酸を充分に摂取しているため、まず問題はない。

だが、こうしたデータはもうひとつ、重要な事実を浮かびあがらせている。**脳のニューロンがきちんと機能するためには、オメガ3脂肪酸が欠かせないということだ。**

●週340グラムの魚を食べる

適量のオメガ3脂肪酸が脳に起因する障害を予防できるのなら、クジラの体積ほど大量のオメガ3脂肪酸を摂取すれば、脳の——とりわけ胎児の脳の——パワーを向上させることができるのだろうか？

こうした研究における結果はさまざまで、その効果を断言することはできないし、さらなる研究が必要であると明言している研究者もいる。とはいえ、ハーバード大学が135人の乳児とその母親の妊娠期の食習慣について調査をおこなったところ、妊娠中期を迎えた頃に多くの魚を食べていた母親の赤ちゃんは、食べていなかった母親の赤ちゃんと比較すると賢いことが判明した。

ここでの「賢い」とは、生後6か月での記憶力、認識力、注意力を測定するテストでよりよい結果をだしたという意味である。その効果はそれほど大きくはなかったけれど、それでも存在した。

この結果を受け、研究者たちは妊婦に少なくとも週に最低340グラムほどの魚を食べることを奨励した。

だが、魚に含まれる水銀についてはどうなのだろう？　水銀は認知機能に悪影響を及ぼすのではないだろうか？　どうやら、その悪影響より効果のほうが高いようだ。

研究者たちは、ほかの魚を食べて長生きする魚（メカジキ、サバ、ビンナガマグロ）ではなく、水銀含有量の少ない魚（サケ、タラ、イワシ、それにライトツナ缶）を週に340グラム食べることを妊婦に勧めている。

とはいえ、「適切な食生活」を送るむずかしさは私も痛感しているし、私のお腹がその証拠を示している。食べる量を調節するのも、食べるものを調節するのも、その両方を調節するのも、これがなかなかむずかしい。そこで、またもや「ゴルディロックスの原理」にご登場願おう。

「充分に食べなさい、ただし食べすぎてはならない。そして、適切な食べ物だけを食べなさい」

適切な食べ物だけを適量、食べる——それがいつだって難題なのだが。

③ストレス——過度のストレスを避ける

1998年1月4日当時、妊婦がケベック州に滞在しているのはあまり好ましくなかった。カナダ東部では80時間以上も氷雨《ひさめ》が降りつづいたのだ——そしてすぐさま、地表面温度も急激に低下した。

気象によるこのワンツーパンチは、カナダ東部を氷の地獄へと変貌させた。凍結した氷の重みで1000基以上の送電塔がドミノのように倒れた。トンネルは崩落した。30人もの命が失われた。すぐに非常事態宣言が発令され、軍隊が出動した。それでもなお、氷点下のなか、住民は何週間も電気のない生活を強いられた。

こうした環境に置かれた妊婦が、病院で妊婦健診を受けられなくなったら——ましてや陣痛が始まってしまったら——きっとストレスでどうにかなってしまうだろう。のちに、赤ちゃんもまた同様であったことが判明した。

あの嵐が、数年後の子どもたちの脳にも影響を及ぼしていることがわかったのである。

母親のストレスが赤ちゃんに及ぼす影響

どうしてそんなことがわかったのだろう？

ある研究者のグループが、この自然災害が胎児に与えた影響を調査することにした——

そして誕生した赤ちゃんが成長し、小学校に入学するまでの追跡調査を実施したからだ。

その結果はおそろしいものだった。


この氷雨をともなう「アイス・ストーム」を胎児の頃に体験した子どもが5歳になると、胎児の頃に嵐を経験しなかった子どもとはまったく異なる行動をとっていたのだ。両親の学歴、職業、収入を考慮に入れても、嵐を体験した子どもたちは言語に関するＩＱが低く、言語発達にも遅れが見られた。


その犯人は、母親のストレスなのだろうか？

結局、その答えは「イエス」であることが判明した。

母親のストレスは、胎児の発達に深刻な影響を与えるおそれがある。とりわけ妊娠期の最後の数か月、母親がもっとも過敏になる頃に、大きなストレスを感じたり、慢性的にストレスを感じたりしていると、その影響は胎児に及びやすくなる。

妊娠期に母親が大きなストレスにさらされると、次のような結果が起こりうる。

- **子どもの気質が変わる。赤ちゃんが癇癪《かんしゃく》を起こしやすくなり、なだめてもあまり効果がなくなる。**
- **赤ちゃんのIQが低くなる。赤ちゃんが1歳のときに測定した知能と運動に関する項目において、平均8ポイントの低下が見られた。デイヴィッド・ウェクスラーが開発した1944年版の知能検査を実施したところ、そのIQの差は知能段階点における「平均」と「平均の上」の差に等しい隔たりを見せた。**
- **赤ちゃんの将来の運動能力、注意力、集中力の発達を妨げる。この差は6歳になってもまだ観察された。**
- **赤ちゃんのストレス反応システムに悪影響を及ぼす。**
- **赤ちゃんの脳が小さくなる。**

適度なストレスVS.有害なストレス

こんな話を読むだけで、あなたはストレスを感じているかもしれない。でも、幸いすべてのストレスは同等ではない。少量の適度なストレスは、妊娠中に大半の妊婦が感じるものであり、それは赤ちゃんにいい影響を与えているらしい。

ストレスを感じると、人間は動く傾向がある。このおかげで、赤ちゃんが暮らす環境が肥沃《ひよく》になると考えられているのだ。

子宮は驚くほど頑強な構造物で、子宮自体にも、そこで暮らすちっちゃいお客さんにも、妊娠期に特有のストレッサーにうまく対応するだけの能力がそなわっている。ただしストレスが延々と攻撃を続けると、子宮は対応できなくなる。

では、脳に悪影響を及ぼすストレスと、妊娠期によく見られる穏やかで良性のストレスとでは、いったいどこが違うのだろう？

有害なストレスの大半には、ひとつの共通点がある。

それはストレスを感じている当人が、その元凶を「コントロールできない」と感じていることだ。

ストレスが適度から過度に、そして急性から慢性へと変化するにつれ、「自分ではコントロールできない」という感覚が破壊的な悪影響を及ぼす。

すると、お腹の赤ちゃんにも悪影響が及ぶ場合がある。

悪いタイプのストレスは、その原因となる典型的な例さえわかれば、当人にもたいてい察しがつく。

その原因のリストには、離婚、配偶者（またはほかの愛する人）の死、失業、犯罪の被害者になるなど、人生における一大事が含まれる。また、とくに低所得者層にあたる人たちにとっては、収入も大きな要因となる。ほかの要因はそれほど明確には判明していないが、友だちがいないこと（社会的孤立）、仕事への積み重なる不満、長期にわたる疾患などもストレスの要因となる。

ここでもっとも重要なカギを握るのは、あなたがどんな環境で育ってきたかではなく、「自分はいま、ストレスの要因をコントロールすることができない」という感覚だ。

●ここが肝心――赤ちゃんのストレス反応システム

母親のストレスが胎児の脳の発達に影響を及ぼす過程をあきらかにしようと、これまで数々の研究が実施されてきた。そしてようやく、細胞と分子のレベルで本質的な答えが得られるようになってきた。

カギを握るストレスホルモンはコルチゾールだ。コルチゾールは、糖質コルチコイドという厄介な分子チームのスター選手だ。こうしたホルモンは、まるでカーレースで疾走する車のように私たちの心拍のスピードを上げたり、突然、便意や尿意をもよおさせたりして、おなじみのストレス反応をコントロールする。

糖質コルチコイドはきわめて強力であるため、ストレスの原因がなくなると、すぐストレス反応に「ブレーキをかけるシステム」を発達させた。脳の中心には視床下部という豆粒ほどの大きさの神経系の領域があり、これがストレスホルモンの分泌と抑制をコントロールしている。

母親のストレスホルモンは胎盤を通り抜け、胎児の脳へと入っていく。そのようすはまるで二つの標的を狙うべくプログラミングされた巡航ミサイルさながらだ。

第一の標的は赤ちゃんの辺縁系《へんえんけい》で、感情の調節や記憶に深くかかわる領域だ。胎児が過剰なストレスホルモンにさらされると、辺縁系の発達のスピードが遅くなる。母親が大きなストレスにさらされたり、慢性的にストレスを感じたりしていると、胎児の認知機能に悪影響が及ぶと考えられている。

第二の標的は、先に述べた「ブレーキをかけるシステム」だ。ストレスの原因がなくなると、このシステムがブレーキをかけ、分泌していた糖質コルチコイドの量を調節する。ところが、母親が過剰にこのストレスホルモンを分泌すると、胎児は自分のストレスホルモンをコントロールするシステムのスイッチをオフにするのがむずかしくなる。すると胎児の脳が糖質コルチコイド漬けになってしまい、その濃度は簡単に調節できなくなる。赤ちゃんが成長し、成人になったあとも、ストレス反応システムは損傷を受けたままになるおそれがある。

するとストレスの原因がなくなっても、ブレーキを踏むのが苦手になり、日常的に高濃度の糖質コルチコイドに浸かっている状態が続いてしまう。その子が成人し、妊娠した場合、胎内で成長している赤ちゃんにもまた過剰な有毒物質を浴びせてしまうかもしれない。そうなれば胎児は混乱した状態の視床下部を発達させ、糖質コルチコイドをせっせと分泌するようになり、次世代の脳はさらに縮んでしまう。

この悪循環はまだ続く。というのも、過剰なストレスは伝染しやすいからだ。

●自分でコントロールできることに集中しよう

このように、過剰なストレスはあきらかに妊婦にも赤ちゃんにもよくない。

赤ちゃんの脳を最適に発達させるため、妊婦さんはできるだけストレスの少ない環境にいたいと思うだろう——とりわけ妊娠期の最後の数か月は。

もちろん、人生から完全にストレスを消し去ることなどできない。そんな真似をしたら、それ自体がストレスだ。けれど配偶者が愛情をこめ、やさしく気遣いを示せば、妊婦のストレスを軽減することはできる。これについては、次章でくわしく説明しよう。

もちろん日常生活のなかには、自分のコントロールが及ばない領域もある。だから、まず、その領域がどこなのか、はっきりさせよう。そうすれば慎重に対策を練ることで、少しはコントロールできるようになるかもしれない。場合によっては、ストレスの原因となっている状況から抜けだす必要があるのかもしれない。ちょっと勇気をだして行動を起こせば、赤ちゃんの脳に生涯、いい影響を及ぼすことができるかもしれないのだ。

一般的なストレス緩和法を積極的に試すのもお勧めだ。なかでも効果があるのは運動だ。運動には利点が多くある。

では妊婦がバランスをとるべきものの四つ目の項目として、最後に運動について説明していこう。

④運動——適度に身体を動かすのが最良の方法

アフリカ大陸に生息するウシ科の生活環《せいかつかん》には、驚嘆せずにいられない。ヌーはタンザニアやケニアの草原や林を毎年、集団で大移動し、その光景が壮観であることでよく知られている。無数のヌーがまるで催眠術にかかったように延々と移動を続けるのだ。

ヌーが移動する理由は二つある。第一に——これが最大の理由でもある——食糧を得られる新たな草地を求めているから。とはいえ、ヌーは4本の足にいわば270キロほどの肉を載せているため、捕食者にとっては最高のご馳走となる。よって、ヌーは絶えず動きつづけていなければならない。

このように油断のならない日々を送らざるをえないヌーのライフサイクルでもっとも興味深いのは、妊娠と出産の時期だ。ヌーの妊娠期間はおよそ260日で、人間と同じくらい長い。でも、人間と似ているのは出産が始まるまでだ。メスはあっという間にお産をすませる。お産のあと、合併症などを起こさなければ、母親はすぐに回復する。

ヌーの子どもも同様で、生まれてから1時間後にはたいてい自分の肢を地面に着け、自力で立ちあがる。そうしなければならないのだ。子どものヌーは、群れの未来を担っていると同時に、群れのなかでもっとも弱い個体でもあり、ヒョウのえじきになりやすい。

私たち人間もまた、進化の歴史のうえでの青春期を同じサバンナですごした。そして人間もまた、ヌーと同様に「捕食者に狙われるえじき」になりかねないという問題に直面していた。

いやいや、ヌーと人間では出産も子育てもまったくやり方が違うんじゃないかと思う方もあるだろう。人間の女性はお産のあと回復するまでに、長い時間を要する。そのうえ、子どもは出生後1年近くたたないと歩きださないのだから。

それにもかかわらず、人間の生活には身体を動かす行為が欠かせない。そこには進化の痕跡が残っている。たとえ妊娠中であろうと、人間は身体を動かさなければならないのだ。かつて人間は1日20キロ近く歩いていたと、人類学者は考えている。

健康な妊婦はあまりいきまずにすむ

ということは、人間は妊娠中も運動を生活にとりいれるべきなのだろうか？

その答えは「イエス」であると、研究結果は示している。妊娠期に健康でいるべき理由は山ほどあるけれど、母親が健康でいることの第一の利点は、お産がスムーズに進むことだ。

「お産は人生でいちばん気持ちが高揚した経験であると当時に、もっとも痛い経験だった」と、多くの女性が報告している。ご想像のとおり、もっとも激痛をともなうのが、お産のときに「いきむ」行為だ。

研究によれば、**妊婦が健康でない場合、この「いきむ」段階で、健康な妊婦の2倍ほど**

時間がかかることがわかっている。当然ながら、健康な女性はこの段階で感じる痛みもはるかに軽い。

妊婦が健康であれば、いきむ時間が短くなるので、酸素不足で赤ちゃんが脳に損傷を受けるリスクを下げることができる。

だから、出産が心配でならない妊婦さんは、できるだけ健康になってお産に臨もう。人類がアフリカのサバンナで暮らしていた時代から、妊婦は健康であるほうが有利だったのだから。

運動はストレスをやわらげる

健康な母親は、肥満の母親より賢い子どもを産む傾向がある。

これには二つの理由がある。

第一の理由は、運動――とくに有酸素運動――が発達過程にある胎児の脳に直接、効果を及ぼすことと関係があるようだ。ただし、この説はさらなる研究を要する。有酸素運動とストレス軽減の関連性を示すデータのほうが、説得力があるだろう。

あるタイプの運動には、妊婦がストレスの悪影響をやわらげるうえで効果がある。先ほど、糖質コルチコイドの話をしたのを覚えておいでだろうか？　神経組織に侵入し、脳に損傷を与えかねないあの有害ホルモンだ。

有酸素運動は、こうした厄介な糖質コルチコイドの悪影響を防ぐのが得意な、脳内のある分子の量を増やす。このヒーローのような分子は、脳由来神経栄養因子（ＢＤＮＦ）という。ＢＤＮＦの量が多ければ、ストレスを感じにくくなり、その結果、胎内の糖質コルチコイドの量も減り、赤ちゃんの脳の発達にもいい影響が及ぶというわけだ。

妙な話に思えるかもしれないが、健康な母親のほうが不健康な母親より、賢い赤ちゃんを産む確率が高い――少なくとも、わが子のＩＱを高くできるチャンスはあるといえるだろう。

激しすぎる運動は赤ちゃんをオーバーヒートさせる

万事がそうであるように、たいせつなのはバランスだ。

胎児はお母さんの動きを感じるし、それに反応する。母親の心拍数が上がれば、胎児の心拍数も上がる。母親の呼吸数が上がれば、胎児の呼吸数も上がる。

けれど、これはその運動が適度である場合だけだ。妊婦が激しい運動をしていると――とくに妊娠後期には――胎児の心拍数や呼吸数は下がりはじめる。ここで心配されるのは、激しい運動をしすぎると、胎内の温度が上昇することや、胎児への酸素の供給量が減ってしまうことだ。ではここで、妊娠後期にどのくらいの運動をすればいいのか、医師に助言を求めよう。

妊娠後期を迎える頃には、妊婦の予備酸素摂取量（最大酸素摂取量と安静時酸素摂取量の差）はかなり低くなっているので、出産にそなえて激しい活動を控え、リラックスしてすごすといい。**妊娠後期に最適な運動のひとつは水泳だ**。水に浸かっていると、胎内の過剰な熱を冷ます効果も得られる。

では、運動で適切なバランスをとるには、どうすればいいのだろう？

手短にいえば、適度な有酸素運動を定期的におこなうことだ。

大半の女性は、心拍数を最大心拍数（1分あたり220回から自分の年齢を引く）の7割以下に抑え、出産予定日が近づいてきたら、もっとペースを落とすといい。ただし、運動は続けるべきだ。産科系の疾患がなく、合併症も起こしていないのであれば、米国産婦人科学会は**1日に30分以上の適度な運動を推奨している**。

ささやかな努力を積み重ねよう

もしかするとあなたには、毎日運動する習慣などないかもしれない。妊娠中なのに、朝から2杯目のコーヒーを飲んでしまい、罪悪感を覚えているかもしれない。だとすれば、科学界からの報告をお知らせするので、胸を撫でおろしてもらいたい。

ひとつの種《しゅ》として、ホモサピエンスは25万年にもわたって延々と赤ちゃんをつくりつづけてきた。本書で説明してきたようなちょっとした知識などなくても、ありがたいことに、人類はうまくやってきたし、その結果、世界を征服するまでになった。

そのうえで赤ちゃんのことを思い、誠意を尽くせば――モールス信号でお腹をトントンと叩くような真似をしたとしても――胎内で成長を続ける赤ちゃんのためにすばらしい環境をととのえる役に立つはずだ。

キーポイント

- 妊娠期の前半、赤ちゃんはとにかくそっとしておこう。
- 胎児のＩＱを高めるとか、気質や性格をよくするという謳い文句の商品に無駄遣いをしない。
- 日常生活のストレスを減らす。
- 自分の力では「コントロールできない」と感じているものをリストアップする。
- ストレスの多い状況から立ち去る。
- 毎日30分、有酸素運動をする。
- 夫のみなさん、妊娠中の奥さんをたいせつに。

第2章

最高の環境は夫婦の共感から生まれる

子どもが夫婦にもたらすもの

長男のジョシュアを初めて病院から自宅に連れて帰ったときのことは忘れられない。これからどうすればいいのかわからず、妻も私も途方に暮れるばかりだった。

生まれたばかりの息子を初めて車のチャイルドシートに乗せ、きちんとベルトが留まっていますようにと祈った。そして病院から自宅まで、おそろしいほどのノロノロ運転で進んだ――ふだんの私ではありえないことだ。ここまでは、まずまずだった。

息子はわが家に入ったとたん、そのちっちゃい顔を不快そうにゆがめた。そして、甲高い声で泣きはじめた。私たちはおむつを交換した。それでも、まだ大声で泣いている。妻が息子におっぱいをあげた。

ところが、息子はちょっとおっぱいを飲んだだけで、また泣きわめき、妻の腕のなかから逃げだそうとするように身をよじった。

病院では、こんな真似をしたことなどなかった。なにかやり方を間違えているのだろうか？

そこで、こんどは私が息子を抱っこした。それから、また妻が抱っこした。ついに、息子は泣きわめくのをやめた。どうやら寝てしまったらしい。私たちは心から安堵した。

「ふたりでやっていけるよね」と、妻と確認しあった。もう夜も更けていたので、息子にならい、私たちも寝ることにした。

だがベッドに横になるやいなや、息子がまた泣きはじめた。

妻が起きあがって授乳をし、それから息子を私に渡した。私は息子にげっぷをさせ、おむつを替え、また寝かせた。息子は静かになり、落ち着いたようだったので、私たちはベッドに戻った。

ところが、こんどは私がシーツに触れないうちに、またもや息子の泣き声が聞こえてきた。妻には21時間にも及ぶお産の疲れがまだ残っていて、もはや気力も体力も残っていなかった。そこで私が起きあがり、息子を抱きあげ、さんざんあやしてから、ベビーベッドに寝かせた。さすがに、もう泣きださない。

大成功！

私はしのび足でベッドに戻った。ところが枕に頭を載せたとたんに、また泣き声が聞こえてきた。私は毛布を頭の上まで引っ張りあげた。頼むから泣きやんでくれ。だが、泣き声はとまらない。

まったく、どうすりゃいいんだ？

こうして、どうすれば泣きやんでくれるのかわからず、息子が泣きわめくたびに途方に暮れるというパターンが日々繰り返された。

もちろん、私は心から息子を愛していた――これからもずっと愛しつづける――けれど、当時は、なんだって子どもをつくる決心なんかしてしまったのだろうと思ったものだ。子どもを授かるという、このとてつもなくすばらしい体験が、よもやこれほど大変な日々をもたらすとは。

そして私は身をもって貴重な教訓を学んだ。子どもが生まれるやいなや、日常生活はまったく新たな計算式を吐きだすということを。私は数学が得意だったけれど、赤ちゃんという新たな計算式をどう解けばいいのか、皆目見当がつかなかった。

●驚くほど変化する「生活の質」

初めてママやパパになった人たちはたいてい、この新たな「社会契約」の容赦のなさに当初は圧倒され、衝撃を受ける。

赤ちゃんは受けとる。親は与える。

きわめて単純な計算式。

そして彼らが驚愕するのは、**「生活の質《クオリティ・オブ・ライフ》」が大きく下がり、とりわけ結婚生活に多大な**

影響が及ぶことだ。

赤ちゃんは泣き、眠り、吐き、抱っこされ、おむつを替えてもらい、授乳されなければならない――そのすべてを、午前4時前にしてもらう必要があるのだ。

このすべてをこなしてから、あなたは仕事に行かなければならない。奥さんが仕事に行く場合もあるだろう。これが来る日も来る日も、うんざりするほど繰り返される。ほんの少しでいいから静かなひとときが欲しい、ちょっとでいいから自分の時間が欲しいと思うけれど、そんな贅沢はまず手に入らない。トイレに行きたくても用を足すことさえできないのだ。

睡眠不足が続き、友人とは会えなくなり、家事の量だけが3倍になり、性生活は皆無となり、どんな1日をすごしたのかと互いに尋ねるエネルギーさえ枯渇してしまう。

子どもが生まれると、こんなふうに夫婦関係までが打撃をこうむると聞き、みなさんは意外に思うかもしれない。

世間ではあまり話題にのぼらないかもしれないが、これは紛うことなき事実である。夫婦のとげとげしいやりとりは、赤ちゃんが生まれてからの1年間で急増する。とはいえ、なかには赤ちゃんが誕生したあと、どっとホルモンが分泌されたせいでふたたびハネムーンのような時期を迎える夫婦もいる。そんな夫婦でさえ、状況は見る間に悪化する。

夫婦仲があまりにも険悪になり、子どもの誕生が離婚の危険因子となる例さえある。

夫婦関係は赤ちゃんの脳にも影響する

子育てに関する本で、なぜこんな話題をわざわざとりあげるのかって？
なぜなら、夫婦関係が赤ちゃんの脳に深刻な影響を及ぼすからだ。
前章では、胎児が外部からの刺激にきわめて敏感に反応することを説明した。胎内の居心地のいい、羊水が満ちた保育器の外にでると、赤ちゃんの脳はいっそう傷つきやすくなる。

だから険悪な夫婦関係につねにさらされていれば、赤ちゃんのIQが悪影響をこうむるおそれがあるし、ストレスに対処する能力が大幅に低下するおそれもある。

赤ちゃんは自分の世話をしてくれる相手には、安心して身を任せられる人を求めている。ところが、その人物の感情に大きな波があることを認知すれば、赤ちゃんは発達中の脳の神経回路を変える。だから、わが子にできるかぎり最高の脳を発達させてほしいと願うのであれば、生まれたてほやほやの赤ちゃんを自宅に連れて帰る前に、夫婦関係の重要性をよく認識しておくべきだ。

子どもの脳の科学について講演をおこなうと、お父さんがた（どういうわけか、たいがい父親だ）が「どうすればうちの子をハーバード大に進学させられますか？」と訊いてくる。

こう尋ねられると、私はいつもかちんとくる。そこで、声を大にしてこう応じる。

「お子さんをハーバード大に入れたい？　データが示している結果を本気で知りたいんですね？　いいでしょう、お答えします！　さっさと家に帰って、奥さんを愛してさしあげなさい！」

本章では、どうして私がこのような返答をしたかについて説明していく。赤ちゃんの誕生後、なぜ夫婦関係が険悪になるのか。夫婦関係が悪化すると、赤ちゃんの脳にどのような悪影響が及ぶのか。そして、どうすれば夫婦の対立を回避し、その悪影響を最小限に抑えられるのかを説明していこう。

子どもができると、大半の夫婦関係が悪化する

妊娠がわかったとき、夫婦関係がこれほど険悪になることを想像する夫婦はまずいない。

赤ちゃんは尽きることのないよろこびを永遠にもたらすはずなのだから。

これは、とりわけ1950年代後半――結婚や家族という因襲的な考えが浸透していた時代――に子どもも時代を送った親がよく理想とする考え方だ。

当時、テレビで人気を博した「ビーバーちゃん」や「陽気なネルソン」といったホームドラマでは、外で働く父親が万事に通じていて、専業主婦の母親が育児を一手に引き受けていた。そして子どもたちは驚くほど素直で、たまに聞きわけが悪いときでも、23分以内に簡単に解決できる程度の悪さをするだけ。主人公はたいてい中流階級の人物だ。

ところが、こうした家族像には問題があることが判明したのである。

こうした家族観にいわばケチをつけたのが、著名な社会学者E・E・レマスターズだ。赤ちゃんは結婚生活に至福をもたらすどころか、その反対であることを示したのだ。

1957年、彼は論文を発表し、赤ちゃんの誕生によって夫婦関係の83％に波風が立ちやすくなったことを報告した――そのうえ、なかには深刻な亀裂が生じたケースもあった。

当然のことながら、こうした研究結果を疑問視する人も多かった。

ときが流れ、さらなる研究がおこなわれ、やはりレマスターズの主張は正しかったことが証明された。以前より慎重な手法で、そしてより長い期間調査を実施した結果、赤ちゃんが生まれると大半の夫婦が結婚生活で多大なストレスを感じるようになることを、複数の研究が一貫して示したのだ。

　1980年代後半から90年代にかけて、アメリカを含む先進国10か国で調査が実施され、男女ともに、結婚生活における満足度は第一子が生まれたあとに下がり、その後、15年にわたって下がりつづけることが判明した。

　そのうえ子どもたちが家を離れるまで、夫婦関係が改善することはほとんどない。

　このように夫婦関係が長期にわたって悪化する傾向が見られることは、いまではよくわかっている――その傾向が親になったとたんに始まることも。

　結婚生活における満足度は、第一子の妊娠後期に頂点に達し、赤ちゃんが1歳の誕生日を迎える頃には、そこから40%から67%ほど下落する。さらに近年の研究で、それまでの調査とは異なる質問をしたところ、満足度は90%近く下落した。赤ちゃんが1歳の誕生日を迎えるまでの12か月で、夫婦ゲンカの度合いは急上昇する。

　おまけに夫と妻の双方において、うつ病に罹患するリスクが高くなる。たいてい、最初に不満を覚えるのは妻のほうで、やがて夫もその不満に感染する。先日、家族心理学ジャーナルに発表された論文にはこんな一節があった。

「要するに、親になると夫婦関係が悪化するのだ――たとえ結婚生活における満足度が比較的高い夫婦が親になることをみずから選んだ場合であろうと」

では、現実問題として、いったいどうすればいいのだろう?

夫婦関係の悪化を食いとめるには「準備」が必要

希望はある。

初めて親になったとき、夫婦間に対立が生じるそのもっとも大きな理由が四つ、わかっているからだ。

それは、「睡眠不足」「社会的孤立」「仕事量の不平等」「抑うつ状態」だ。

この四つの理由については、のちほどくわしく見ていく。これらの理由を夫婦がしっかりと理解し、自分の行動に注意するように心がければ、夫婦関係を改善できる。それに、こうした気が滅入るような経緯をすべての夫婦が例外なく経験するわけではないこともわかっている。

もともと強い絆をもって妊娠期を迎えた夫婦は、そうではない夫婦と比べて、赤ちゃん誕生後の1年間に吹き荒れる夫婦間の嵐に耐える力が強い。また、子どもができてからの計画を妊娠前から慎重に練っていた夫婦にも同様の傾向が見られる。

それどころか、子どもができたあとも幸せな結婚生活を送れるかどうかを大きく左右するのは、そもそも「子どもをもつことに夫婦が同意していたか否か」であるようだ。

ある研究では、双方が子どもをもつことを望んでいた夫婦と、どちらかいっぽうが望んでいた夫婦を対象に大規模な調査を実施した。すると双方とも子どもを望んでいた夫婦は赤ちゃんを授かったあと、大半が離婚していなかったし、赤ちゃんが1歳の誕生日を迎えても結婚生活の満足度には変化が見られないか、上昇したかのいずれかだった。

だが、夫婦のどちらか（たいていは夫）が子どもをもつことに渋々同意していて、赤ちゃん誕生後、夫婦仲が険悪だった場合、そうした夫婦は子どもが5歳になる頃には別居するか、もしくは離婚していた。

こうしたデータは、前述の家族心理学ジャーナルに掲載された論文に掲載されていたものだ。そこから次の一文をまるまる引用するので、ぜひ、希望をもってもらいたい。

「要するに、親になると――結婚生活における満足度が比較的高かった夫婦が子どもを望んで親になった場合でさえ――夫婦関係の満足度の低下が早まるのだが、子どもが生まれ

てからの計画を事前にしっかりと練っておき、妊娠期にも結婚生活に満足していれば、たいていその低下を食いとめることができる」

親になったからといって、すべての夫婦関係が等しく悪化するわけではない。なかには、まったく影響を受けない夫婦もいる。とはいえ、レマスターズとその後の研究者たちが示したように、大半の夫婦は悪影響を受ける。つまり、こうした調査が必要になるほど、社会的に大きな影響が及んでいるのだ。その結果、研究者たちは以下のような疑問をもつようになった。

赤ちゃんが自宅に戻ってきたあと、夫婦はどんなことが原因でケンカをするのだろう？
そして、そうした夫婦ゲンカは赤ちゃんにどのような影響を及ぼすのだろう？

赤ちゃんはなによりも「安全」を求めている

生まれてくる環境にどんな感情が渦巻いているかが、赤ちゃんの神経系の発達に多大な影響を与える可能性がある。この相互作用を理解するには、まず、育てられる環境に赤ちゃんが敏感に反応することを理解しなければならない。こうした赤ちゃんの過敏性は、進化の過程に深く根差している。

赤ちゃんがきわめて傷つきやすいことを初めて示したのは、ウィスコンシン大学マディソン校でサルの赤ちゃんの実験をしていたハリー・ハーロウだった。彼がサルの実験で観察した結果を人間の乳児にもあてはめたところ、その原因は進化の過程に深く根差していることが判明したのである。

ハーロウはいかにも1950年代の科学者らしい風貌の持ち主で、オタクっぽい巨大なレンズの眼鏡をかけた人物だ。彼は自分でも認めているように「愛情」にとりつかれていて、それを示す手法は一風変わっていた――仕事のうえでも、私生活でも。

最初の結婚相手は教え子の女性で、子どもをふたりもうけたあと、離婚した。その後、心理学者と再婚したものの、彼女ががんを患い、死別した。そして晩年、かつての教え子と3回目の結婚をした。

彼はアカゲザルを利用して独創的な一連の実験をおこなったものの、その手法ときたら、残酷きわまりなかった。そのため、「ハーロウのせいで動物の権利を訴える運動が巻き起こった」と批判する学者もあらわれたほどだ。

とはいえ、「乳児は愛着を求める」ことを裏付ける実験を、彼がほぼ独力でなしとげたのも事実である。以降、このハーロウの実験は「親のストレスが赤ちゃんの行動に与える影響」を理解するうえでの基盤となった。

ハーロウはこの有名な愛着実験で、ケージと2体の代理母を用いた――母親の代用品として人形のような作り物を利用したのである。そのうち1体は針金製の人形で、ごつごつとしている。そしてもう1体はタオル地でできていて、肌触りがいい。

ハーロウは生まれたばかりのアカゲザルを生物学的な母親から引き離し、両方の人形を置いたケージに入れた。

この実験にはさまざまなバリエーションがあるものの、初期の実験結果は驚くべきものだった。実験では、ひんやりとした針金の人形にとりつけられた哺乳瓶から、アカゲザルの赤ちゃんがミルクを飲める設定になっていた。いっぽう、やわらかいタオル地の人形にとりつけられた哺乳瓶からはミルクを飲めない設定になっていた。

すると、ミルクが飲めないにもかかわらず、アカゲザルの赤ちゃんは布製のママのほうをはるかに好んだ。針金のママからミルクを飲みながらも、そのあいだ、やわらかいタオル地のママにしがみついていたのである。

こうしたサルたちをほかのケージに移した場合、どのサルもタオル地の代理母にしばらくしがみついていた。そして安全であることが充分確認できてから、ケージのなかをあちこち歩きまわった。また、こうしたケージにタオル地の代理母を置かなかった場合、サルは恐怖のあまり凍りついた。それから鳴き声をあげながら、見当たらない代理母をさがして走りまわったのである。

このように、赤ちゃんのサルがタオル地の代理母を好む傾向は、どんなバリエーションで何度実験をおこなっても一貫して観察された。

こうした実験のようすを観察していると、胸が痛む。私はこの実験のようすを古いフィルムで視聴したのだが、赤ちゃんのサルが代理母を求める姿は忘れられない。

サルの赤ちゃんたちに安心感を与えているのは哺乳瓶に入っているミルクだと、当時の動物行動学では考えられていたが、そうではなかったのだ。

サルの赤ちゃんは「安心して身を寄せることのできる港」を求めていたのである。

人間の赤ちゃんもまた複雑な存在ではあるにせよ、やはり同じものを求めている。

生後すぐの赤ちゃんでも行動を真似る

赤ちゃんは「安心感」という知覚にきわめて敏感だ。

乳児は一見、ミルクを飲む、うんちをする、あなたのシャツに吐くなど、ありふれた生物学的プロセスにせっせと励んでいるようにしか見えない。

そのため、赤ちゃんはとくになにも考えていないと、これまで大勢の研究者が思い込んできた。乳児はただ無力な存在で、可愛くて、おとなが支配できる、人間の可能性が詰まった存在としか認識されてこなかったのだ。

だが現代では、これとはまったく異なる見解が生まれつつある。赤ちゃんが生物学的に夢中になるものには、脳がかかわっていることが判明したのだ。赤ちゃんは、神経系というハードディスクドライブにソフトウェアをたくさん搭載して生まれてくる。そして、その大半は学習に関係している。その驚くべき例をいくつか紹介しよう。

１９７９年、ワシントン大学の心理学者アンドルー・N・メルツォフが、生後たった42分の新生児に向かって舌を突きだした。そして、赤ちゃんがどんな反応をするのか、観察した。しばらくすると、その赤ちゃんはお返しをした。ゆっくりと自分の舌を突きだしたのである。メルツォフはもう一度、自分の舌を突きだしてみた。すると赤ちゃんはまた同じ反応を見せ、舌を突きだした。

メルツォフは、赤ちゃんがそのちっちゃい身体でこの世に誕生した直後から（というより、少なくともこの世に生まれて42分後には）、相手の行動を模倣できることを発見したのである。

これはとてつもない発見だった。模倣するには、世界にはほかの人間が存在すること、その人たちには動かせる身体の部位があること、そしてその部位が自分にもあることなど、きわめて高度な内容を理解しなければならないからだ。

●赤ちゃんは1週間前の経験を覚えている

この発見を利用して、メルツォフは新たな実験を考案した。赤ちゃんにはどの程度の学習能力がそなわっていて、学習する過程でどの程度、外部からの刺激を敏感に感じとるのかをあきらかにしようとしたのだ。

メルツォフはまず木の箱をつくり、オレンジ色のプラスチックのパネルで覆い、そこに明かりを仕込んだ。そして、そのパネルに触れると、明かりが点灯する仕掛けにした。

この実験のようすは、『0歳児の「脳力」はここまで伸びる「ゆりかごの中の科学者」は何を考えているのか』（アリソン・ゴプニック、アンドルー・N・メルツォフ、パトリシア・K・カール著、峯浦厚子訳、榊原洋一監修、PHP研究所）で説明されている。

「彼はまったく思いがけない方法で、赤ちゃんにとって目新しいものを扱って見せました。彼のひたいが箱の上部に触れると、箱に明かりがつくような仕組みを作ったのです。赤ちゃんはこの様子を心が奪われたように見つめていましたが、この時は箱にはさわらせてもらえませんでした」

この後、母親と赤ちゃんは研究室をでていった——おそらく、いまのはなんだったのだろうといぶかりながら。しかし、実験はまだ終わってはいなかった。

「一週間後に、その赤ちゃんは再び研究室につれてこられました。この時、アンディは何もせずに、ただ箱を赤ちゃんの前に置いただけでした。すると、何と赤ちゃんは即座に自分のひたいで箱の上部に触れたのです」

赤ちゃんは覚えていたのだ！

この出来事を1回経験しただけで、12人の赤ちゃんのうち8人が、1週間後もしっかりと覚えていたのである。いっぽう、対照群の24人の赤ちゃんのなかで、自分から行動を起こし、ひたいで箱に触れた赤ちゃんはひとりもいなかった。

認知機能のほかにもそなわっている数々の知性

この二つの例からも、赤ちゃんが驚くほどさまざまな認知機能をそなえていることがわかる——そして、そうした機能を伸ばしていく数々の知性に恵まれていることも。

赤ちゃんはモノまでの距離によって大きさが変わって見えても、モノの大きさそのものには変化がないことを理解している。それに、速度を予測する能力もそなえている。

また共通運命の法則も把握している。たとえばバスケットボールの表面に描かれている黒い線がボールと同じ動きを見せるのは、その線がボールの一部だからだとわかっているのだ。

赤ちゃんは生まれたときから人間の顔と人間以外の顔を見わけられるうえ、人間の顔を好むと考えられている。進化論の観点から見れば、人間の顔を好むのは安全性を維持するうえで強力な機能だ。そして人間は、その後の人生もずっと人間の顔にこだわりつづける。母体から誕生し、この世と接する前から、どうやって赤ちゃんはこうした知識を獲得しているのだろう？

その理由はだれにもわからない。けれど、赤ちゃんはそうした知識を習得しているし、驚くべきスピードと洞察力でその知識を活用していく。

赤ちゃんは仮説を立て、検証し、ベテランの科学者のような熱意をもって検証結果を厳しく評価する。つまり赤ちゃんはとてつもなく愉快で、けたはずれに熱心な学習者なのだ。そして、ありとあらゆることを習得する。

これに関して、ちょっとおもしろい例がある。

ある小児科医が3歳の娘を保育園に連れていこうと、車に乗せた。後部座席には聴診器が置き忘れたままになっていた。すると、娘が聴診器で遊びはじめ、イヤーチップをきちんと耳に入れた。母親である医師はすっかりうれしくなった。

もしかしたら、自分と同じ道に進んでくれるのかも！

すると幼い娘は、本来は胸にあてるべき聴診器のチェストピースを口にあて、大声で言った。

「マクドナルドへようこそ。ごちゅうもんは、なにになさいますか？」

このように、子どもはつねに観察している。そして、自分の脳に記録したものに大きな影響を受ける。

ときには、愉快な記録が深刻な記録へと急変することもある——とりわけ、ママとパパがケンカを始めたときには。

安心感を育む時期は限られている

脳は「生き延びる」ことを最優先事項にしている。

そのために脳が重視しているのは「安全」だ。

では、赤ちゃんはいったいどうやって安心感を得ようとするのだろう？

まず、現場の権力構造のなかで生産性のある人間関係を必死になって築こうとする——つまり、あなたとできるだけ早く良好な関係を築こうとするのだ。

私たちは、これを愛着《アタッチメント》と呼んでいる。

この愛着を形成する過程で、赤ちゃんの脳は世話をしてくれる相手の情報を熱心に集めている。

「いま、触れられている？　いま、おっぱいをもらってる？　だれが安全？」といったことを絶えず自分に問いかけているのだ。

赤ちゃんの要求が満たされれば、脳はある方向へ発達する。要求が満たされなければ、べつの方向に発達するよう遺伝子が指令をだす。

そう聞くと不安になるかもしれないけれど、とにかく赤ちゃんはこの世に生まれた瞬間から、両親の行動を実際に把握しているのだ。もちろん、そうするのが進化のうえでもっとも得策であるからだ。べつの言い方をすれば、そうせずにはいられないからだ。だって、赤ちゃんにはほかに頼れる相手などいないのだから。

生まれてから数年のあいだに、赤ちゃんは必死になってそうした結びつきを求め、「自分は安全だ」という認識を確立しようとする。

ところが、その数年のあいだに安心感を得ることができなければ、子どもは長期にわたって心に傷を負いかねない。

極端な場合、生涯にわたって苦しむこともある。

その痛ましい例を、1990年頃、政権が打倒された直後のルーマニアを取材した西側の記者が報じていて、その内容はじつに説得力がある。

1966年、当時の独裁者ニコラエ・チャウセスクは国の少子化に歯止めをかけるべく、避妊と人工妊娠中絶の両方を禁止し、25歳以上の子どもをもたない国民に税を課した――既婚であろうと、独身であろうと、不妊症に苦しんでいようと関係なく課税したのである。

その結果、出生率は上昇したものの、それにつれて貧困が蔓延し、ホームレスの数も増加した。大勢の子どもたちがあっさりと親から育児を放棄された。これに対し、チャウセスクは国による養護施設を設けたが、その実態は数千人もの孤児を倉庫に詰め込むだけの惨憺たる状況で、まるで収容所のようなありさまだった。

チャウセスクが国の巨額の対外債務返済のため、食品や工業製品の大量輸出に踏みきると、孤児たちの資金源も食糧源もすぐさま尽きた。

当時の養護施設の光景は、おそろしいまでに衝撃的だ。

赤ちゃんはめったに抱きあげられることもないうえ、周囲の人間から五感を刺激されることもない。大勢の赤ちゃんがベッドにただ縛りつけられ、薄いオートミールの粥が入った哺乳瓶を適当に口に突っ込まれたまま、何時間も何日間も放っておかれている。そうした赤ちゃんはたいてい、ぼんやりと宙を見つめている。実際、100床ものベッドがあるこうした児童養護施設の一室に足を踏み入れても、なんの音も聞こえなかったという。毛布は尿、排泄物、シラミにまみれている。

そして、こうした悲惨な環境は、深刻な心的外傷を負った子どもたちの大規模な集団を調査する本物の機会を提供したのである。

●乳幼児期に「安心感」を与える必要性

ある注目すべき研究では、こうした乳幼児を養子に迎え、自国に連れて戻って養育した複数のカナダ人家庭を対象に調査を実施した。養子に迎えた子どもたちが成長すると、研究者は子どもたちを容易に二つのグループに分けることができた。

ひとつのグループの子どもはきわめて安定しているように見えた。社会的行動、ストレス反応、成績、健康状態——そのすべてにおいて、健康なカナダ人の対照群と差異は見られなかった。

いっぽう、もうひとつのグループは見るからに深刻な問題を抱えていた。摂食障害が見られたうえ、体調を崩しやすく、徐々に攻撃的な反社会行動をとるようになった。

さて、この二つのグループで、唯一、異なる条件とはなんだったのだろう？

それは、養子縁組をしたときの年齢だった。

生後4か月を迎える前に養子になっていた子どもは、いわゆる幸せな子どもらしい行動をとっていた。

ところが、**生後8か月以降に養子になった場合、子どもはまるでギャングの一員のよう**

な行動をとった。乳児期のある月齢までに養育者と絆を育み、しっかりと安心感を得られなかった場合、子どもの心身に強いストレスがかかっていたのだ。

さらに、そのストレスはそこから何年もの歳月が経過しても、子どもの行動に影響を及ぼしていた。こうした子どもたちは過酷な児童養護施設からとっくに解放されてはいたものの、真の意味ではけっして自由にはなっていなかったのである。

●安全な環境がストレスに対処するシステムをつくる

ストレスを感じると、私たちは闘うか逃げるかを瞬時に判断しようと「闘争・逃走反応」を起こす。でも現実的な観点から見れば、それは「逃走」反応と呼ぶべきだろう。ストレスを感じると、人間はたいてい唯一の目標を達成しようと反応を示す。つまり、危険な場所から逃げだそうとするのだ。よほど追い詰められないかぎり、みずから攻撃しようとはしない。攻撃を試みる場合でさえ、逃げだすための時間稼ぎに闘うだけだ。

脅威を感じると、人間の脳は2種類のホルモンを分泌せよという信号を送る——エピネフリン（アドレナリンとも呼ばれる）とコルチゾール（糖質コルチコイドの一種）だ。

こうした反応は複雑なので、あらゆるつながりを適切に調節するには時間がかかる。だからこそ、人間が誕生してから最初の1年間が肝要なのだ。

乳児が安全な環境——感情的にも安定した家庭——にどっぷりと浸かってすごすことができれば、こうしたシステムをしっかりと構築できる。

だが、安全な環境ですごすことができなければ、ストレスに対処する正常なプロセスを経ることができなくなる。子どもはつねに警戒態勢をとるようになるか、完全な虚脱状態におちいる。

怒りの感情が渦巻き、感情的な暴力が日常的に横行する社会環境に身を置いていた赤ちゃんは、その傷つきやすい小さなストレス反応システムが活動過多となり、コルチゾールが過剰に分泌されるようになる。ルーマニアの孤児たちのように、赤ちゃんが深刻なネグレクトにさらされると、そのシステムの反応が鈍化し、やはりコルチゾールの分泌が過剰になる（そのため、うつろな表情で宙を見つめるようになる）。

夫婦ゲンカが子どもに及ぼす影響

夫婦ゲンカには、赤ちゃんの脳の発達に悪影響を及ぼすだけの充分なパワーがある。この悪影響は早い時期から赤ちゃんに及び、成人になってからもその影響がはっきりと残る場合がある。

親がケンカしている現場を見れば、子どもがストレスを感じることくらい、どんな親でも知っている。

だが、親のケンカに反応を示す子どもの年齢は、研究者の予想よりはるかに低かった。6か月未満の乳児でも、なにかがおかしいことを察知できる。成人と同様、生理学的な変化——血圧、心拍数、ストレスホルモンの上昇など——を見せるのだ。赤ちゃんの24時間蓄尿検査を実施すれば、親の夫婦ゲンカの程度を推定できるという説まであるほどだ。

赤ちゃんや幼児がケンカの内容を理解しているとはかぎらないけれど、なにかがおかしいことには明確に気づいているというわけだ。

感情をコントロールするのはむずかしい

ストレスは行動にもあらわれる。感情的に不安定な家庭で育てられている赤ちゃんは、新たな刺激に積極的な反応を示したり、みずから気持ちを落ち着けたり、ストレスを感じたあとに立ちなおったりするのが苦手になる——つまり、自分の感情をうまくコントロールできなくなるのだ。

ストレスホルモンが骨の形成を妨げるため、赤ちゃんのちっちゃい足でさえ、きちんと成長しない場合もある。こうした赤ちゃんが4歳になる頃、そのストレスホルモンの量は、感情的に安定した家庭で育てられた子どもの2倍近くに達する場合があるほどだ。

悲しい話だ。だって、こうした悪影響は払拭することができるのだから。

たとえ重度の心的外傷を与えられる家庭で育ったとしても、その乳児が生後8か月未満である場合、思いやりをもってしっかりと養育する環境に置かれれば、たった10週間ほどでストレスホルモンを調節する能力を改善できるのだ。

だから、夫婦仲が悪い親はまずボクシングのグローブを床に置き、和解に努めよう。

夫婦の反目がずっと続けば、子どもは長期にわたりストレスを感じた人間がとりがちな行動を見せはじめる。

そうした子どもは不安障害やうつ病に苦しむリスクがきわめて高くなる。そしてストレスによって免疫系が正常に機能しなくなり、風邪をひきやすくなる。そのうえ、同じ年頃の子どもと対立しやすくなる。集中力が弱くなり、感情をうまく制御できなくなる。

また、安定した家庭で育てられた子どもよりＩＱが8ポイントほど低い。ほかの子どもたちと比べると高校を中退しやすく、卒業できたとしても成績は悪い。

この不安定な家庭環境に親が終止符を打ったとしても——離婚が手っ取り早い——子どもは長年、その代償を払いつづける。

親が離婚した家庭の子どもは、14歳になるまでに薬物を乱用する確率が25%も高い。また、未婚のまま妊娠する傾向も高い。おとなになってから離婚する確率も2倍になる。学校では、安定した家庭で育った子どもより成績が悪い。そして、大学進学のための支援を受けられる割合ははるかに低い。

親の結婚生活が続いている場合、大学に進学した子どもの88%は大学で教育が受けられるよう、親から一貫して支援を受けられる。だが親が離婚している場合、継続して支援を受けられる割合は29%まで減少する。

子どもの目の前で仲直りする

夫婦ともに感情が安定していて、夫婦間の争いが日常的にない家庭であろうと、ときにはケンカすることもあるだろう。

だが研究によれば、子どもの目の前で夫婦ゲンカを繰り広げるよりも、夫婦が仲直りをする現場を見せないほうが、子どもに大きいダメージを与えるそうだ。

多くの夫婦が子どもの前でケンカをするけれど、仲直りは子どものいないところでこっそりとしている。だが、たとえ幼い時期であろうと、いつも親が傷つけあう光景ばかりを見て、包帯を巻きあうところを目撃しない場合、子どもの認知機能がゆがんでしまう。

夫婦がケンカをしたあと、互いに手当てをするところを意図的にはっきりと見せておけば、フェアに戦う方法と仲直りをする方法、その両方の手本を子どもに示せるのだ。

夫婦ゲンカの四大原因

そもそも、なぜ夫婦ゲンカが起こるのだろう?

赤ちゃんを初めて迎える夫婦の仲が険悪になる原因は四つあると前述した。いっさい対処せずにそのまま放っておけば、あなたの今後の結婚生活に深刻な影響を及ぼしかねない。するど、あなたのお子さんの発達中の脳にも悪影響が及ぶ。

夫婦仲が険悪になる原因を、本書では四つに分ける。

- **睡眠不足**
- **社会的孤立**
- **仕事量の不平等**
- **抑うつ状態**

①睡眠不足

親になったばかりの夫婦に睡眠不足が及ぼす力の大きさについては、いくら強調しても足りないほどだ。

赤ちゃんを迎える準備をしている夫婦は「赤ちゃんができたらこれまでとは夜のすごし方が変わるんだろうな」という程度には、変化が生じることを認識している。でも、それが実際にどれほど大きな変化になるかは、まったくわかっていない。ぜひ、胸に刻んでもらいたい。

新生児には睡眠のスケジュールなど決まっていない。

あなたには睡眠のパターンがあるけれど、生まれたばかりの赤ちゃんにはない。新生児の脳のなかでは、睡眠や食事のパターンが決められていないのだ。

だから24時間、気の向くままに行動する。

これが何か月も続く。6か月くらいたつと、スケジュールが決まってくる場合もあるけれど、落ち着くまでにもっと時間がかかる場合もある。それでも、たいてい生後3か月を迎える頃、赤ちゃんの行動にはぼんやりとではあるものの一定のパターンが見えてくる。

私たちの考えでは、おそらく睡眠のパターンというものは、もともとDNAに焼きついている。ところが、子宮の外の乾いた居心地の悪い世界には、赤ちゃんを夜通し覚醒させるほど不穏なものが満ちている——自分の内部にも外部にも、睡眠を妨害するものが山ほどあるのだ。

赤ちゃんの脳は経験不足なので、新たな環境に慣れ、調整するまでにしばらく時間がかかる。

1歳の誕生日を迎えたあとも、50％の赤ちゃんが夜間に親の手助けを必要とする。夜中に目を覚ました子どものために起きた親が、世話をすませ、ふたたび眠りに落ちるまでには30分ほどの時間を要する。よって親は夜間に必要な睡眠時間の半分程度しかとれないまま、何週間もやっていかなければならない。

身体にいいはずがない。そして当然のことながら、夫婦関係にもいいはずがない。

●睡眠不足が夫婦関係を悪化させる

睡眠不足の人は、睡眠が足りている人と比べて、怒りっぽくなる。睡眠負債を抱えた被験者は、対照群と比較して、強い感情をコントロールする能力が91％ほど劣る。

さらには、一般的な認知機能も低下し、大きな差がつく（慢性的に眠い人が仕事で成果をあげられなくなるのもこのためだ)。

問題解決力は、眠くない場合の10％にまで急落し、運動能力も悪影響を受ける。たった1週間、睡眠時間が少し減っただけで、さまざまな能力が低下しはじめるのだ。

まず、元気がなくなる。次に認知機能が低下し、続いて身体機能が落ちていく。

エネルギーが足りない状態で、1分間に数回は子どもに注意を向けなければならない(就学前の幼児は1時間につき180回、こっちに注意を向けてほしいとなんらかのかたちで要求すると、行動心理学者たちは述べている)としたら、配偶者に対するあなたの善意の泉は見る間に枯渇してしまう。

睡眠不足が生じるだけで、新米の親のあいだでとげとげしいやりとりが増える事態は容易に予測できるというわけだ。

②社会的孤立

めったにないけれど、小児科医は本来、診察室で次のような質問を投げかけるべきだ。母親であるあなたに、こう尋ねるのだ。

「お友だちはたくさんいらっしゃいますか?」

そして、続けて尋ねるべきだ。

「ご主人と共通する友人やお仲間がいらっしゃいますか？　そうしたグループはあなたにとってたいせつな存在ですか？　多様な方たちのグループはありますか？　あなたとご主人は、そうしたお仲間とどのくらいの頻度で会ったり、連絡をとったりしていますか？」

ところが実際には、小児科医がこんな質問を親に投げかけることはめったにない。親の交友関係など、知ったことではないからだ。

ところが現実には、親の社交生活は乳幼児の健康に大いにかかわっている。

社会的に孤立すると、親はうつ病になりやすくなる。うつ病になると、感染症や心臓発作のリスクが高まり、健康に悪影響が及びかねない。

社会的孤立は、新米の親の大半が直面する問題であり、体力も気力も失せた結果である。さまざまな研究によれば、第一子ができたばかりの大半の夫婦のおもな不満は「社交生活の不足」だという。

子どもが生まれたあと、夫婦がふたりだけですごす時間は子どもが生まれる前の3分の1ほどに減る。子どもの誕生がもたらしたワクワク感はしだいに消えうせ、育児という休むことのできない仕事に追われるようになる。

母親であること、または父親であることが義務となり、やがて決まりきった務めになる。

眠れない夜が何日も続けば、夫婦のエネルギーは枯渇寸前となる。そして夫婦ゲンカが増えれば、わずかに残ったエネルギーも底をつく。

こうして気力も体力も喪失すると、夫婦が社交生活に向けるエネルギーもなくなる。妻も夫も友人と会えなくなり、ましてや知人と親睦を深める機会は激減する。友人は遊びにこなくなる。新しい友人をつくろうなどという気力はもう残っていない。新米の親がほかのおとなと接する時間は、たいてい1日に90分未満だ。それどころか、なんと34％もの親が朝から晩までひとりですごしている。

こうした状況に置かれても、複数の社会集団に属していれば、それが有効な緩衝材になる。

けれど、そうした相手とは親へと移行する期間に疎遠になってしまいがちだ。とりわけ女性は、男性と比べて不釣り合いなまでに孤立を体験する。

そして女性にとって、そうした孤立が深刻な害をもたらしかねず、そこには生物学的な理由がある。

●女性のほうが人づきあいを必要とする理由

現代医療が可能になるまで、出産で命を落とす産婦は多かった。正確な数字は定かではないけれど、8人に1人は死亡していたと思われる。

いっぽう、すぐに頼りにできる女性がそばにいる部族の場合、産婦が生き残る確率は高かった。年長の女性たちが過去の出産経験の知恵を活用し、新米の母親の世話にあたることができたのだ。お産で母親が命を落とした場合は、子どもをもつ女性たちが新生児に貴重な母乳を与えることもできた。

共有する習慣とそこから生じる社会的交流により、生き残るうえで有利になれたのだと、人類学者サラ・ハーディーは述べている。彼女はこうした育児を「共同子育て」（アロペアレンティング）と呼んでいる。彼女の考え方と一致する研究結果もあり、わが子の世話をほかの仲間によく任せるのは、霊長類では人間だけであるそうだ。

なぜ、男性よりも女性のほうが人づきあいを必要とするのだろう？

その一因は分子にあるらしい。

女性はストレスを感じると、正常な反応としてオキシトシンを分泌する。オキシトシンは「思いやりと絆」と呼ばれる一連の生物学的行動をうながすホルモンだ。

ところが、男性はこの反応を示さない。男性に特有のホルモン、テストステロンの信号の威力があまりにも強力であるため、オキシトシンを分泌してもその信号がかき消されてしまうのだ。

オキシトシンは男女双方において神経伝達物質としても機能し、相手を信頼し、気持ちを落ち着かせる作用がある。わが子の世話を任せなければならない相手と信頼関係を築くとき、このホルモンが申し分のない働きを見せる。

そして驚くべきことに、また都合のいいことに、この作用があるからこそ、オキシトシンが分泌されると乳房が刺激され、母乳がでやすくなる。

社会関係とは、結局のところ、進化に深く根差している。

生きているかぎり、あなたはどうしても社会とのかかわりを必要とし、そこから逃れられないだろう。

「思いやり・絆反応」について研究した心理療法士ルーゼレン・ジョセルソンは、その重要性を強調し、こう述べている。

「仕事や家族のことで多忙をきわめるたびに、私たちはまず女友だちとの交流をあきらめます。友だちづきあいを後回しにするのです。しかし、それは大きな間違いです。なぜなら、女性にとってはお互いの存在こそが強さの源なのですから」

③仕事量の不平等

　これから説明する内容は、男性にとってあまり愉快なものではないかもしれない。でも、本書で述べる内容でもっとも重要といえるかもしれない。

　睡眠不足や社会的孤立とともに、新米の母親と父親が負担する家事の量は、とんでもなく不均衡だ。手短にいえば、女性がほとんどの家事を負わされているのだ。女性が仕事をしていようが、すでにほかに子どもがいようが、関係ない。

　家族がいる女性は家事の70％をこなしている。この家事には皿洗い、掃除、おむつの交換、ちょっとした家の修繕など、ありとあらゆる用事が含まれる。

　このデータは吉報として伝えられることも多い。なにしろ30年前の数字は85％だったのだから。

　こうした数字が平等ではないことは、なにも数学を専攻していなくたってわかる。

　赤ちゃんが生まれると、女性は男性の3倍の量の家事を担うようになる。夫の貢献度の低さは目を覆うばかりで、夫がそばにいるだけで、女性の家事の仕事量は1週間に7時間、追加で増える。その反対の場合は、逆の結果となる。妻がそばにいてくれると、夫は1週間あたり1時間、家事の仕事量を減らせる。

女性は男性よりも、身体を使って子どもの世話をする時間が2倍以上長い。なんと1日あたり66分対26分だ。

2013年、アメリカ合衆国労働省労働統計局は6歳未満の児童がいる家庭で調査を実施した。すると、1985年と比較して男性が子どもと一緒にすごす時間は2倍以上に増えていたため、これを吉報として伝えている。だが、これほどの不均衡を平等と呼ぶ人間はいないだろう。

この仕事量の不平等は――さらに往々にして見られる金銭面での対立がともない――夫婦仲が険悪になる元凶となっている。

なにしろ経済的な観点から見ても、妻の仕事量の多さはあきらかだからだ。

専業主婦の母親は平均、1週間に94・4時間働いている。これだけの労働に給与が支払われた場合、年間11万7000ドルほど稼ぐことになるだろう（この数字は、家庭で母親がたいてい担っている10種類の職業の肩書き――家政婦、保育士、臨床心理士、最高経営責任者など――のそれぞれの作業にかかる時間と報酬から割りだした金額だ）。大半の男性は1週間に94・4時間も仕事に費やしてはいない。さらに、男性の99％の年収は11万7000ドルに達しない。

こうした背景が、夫婦のあいだで女性のほうが最初に配偶者に敵意をもちはじめ、それが男性にも伝わっていく事態を招いているのかもしれない。

④抑うつ状態

ではは初めて親になる時期に、ほかにどんな点に気をつければいいのだろう？

本書はこれまで、新米の親が体験することを説明してきた。1分間に3回は子どもに「反応」しなければならないうえ、必要な睡眠時間の半分しか眠れない日々に耐え、友だちとの交流に割くエネルギーを失い、どちらがゴミだしをするかといった問題が離婚の危機につながる話を。

これだけの条件が揃えば、「抑うつ状態」におちいる土壌が発酵しないはずがない。幸い、新米の親の大半が実際にうつ病になるわけではないけれど、これは深刻な問題なので、油断してはならない。

第一子を出産した女性の約半数は、産後の気の滅入りを一時的に経験するが、こうした悲しい気分は数日もたてばおさまってくる。

こうした症状は、「ベビー・ブルー」と呼ばれている。

しかし、母親の10％から20％はもっと重度の深刻な抑うつ状態におちいる。すると、たとえ夫婦関係が良好であったとしても、絶望感にさいなまれ、深い悲しみを覚え、自分などなんの価値もないと思い込むようになる。途方に暮れる苦悩の日々が何か月も続くのだ。

重度のうつ病になった母親は一日中泣いていることもあれば、ただぼんやりと窓の外を眺めていることもある。食事をとらなくなることもあれば、過食に走ることもある。こうした症状が見られる場合は、治療が必要なうつ病、すなわち「産後うつ病」を患っている。その原因については諸説あるし、診断基準については異論もあるが、治療の必要性については議論の余地がない。

不安に押しつぶされそうになっている、ふさぎこんでいる、悲しくて仕方がないといった症状のある女性には治療が必要だ。そのまま放置しておこうものなら、産後うつ病の結末は悲劇になりかねない。生活の質が急激に低下した結果、赤ちゃんを殺したり、自殺したりするおそれもある。また産後うつ病を治療しないでいると、最初の数か月間に親子が活発な交流を通じて育むべき絆をつくれなくなる。

それどころか、抑うつ状態にある母親の行動を赤ちゃんが真似しはじめる場合もあり、これは相互ひきこもりと呼ばれている。こうした子どもは不安定になり、社交が苦手で、気が弱く、消極的な子になる——そのうえ、うつ病を患っていない母親に育てられた子どもと比較すると、平均して2倍、こわがったり心配したりするようになる。生後14か月を迎えても、そうした悪影響が観察されるのだ。

うつ病に罹患する危険があるのは、女性だけではない。

第一子を迎えた父親の10分の1から4分の1ほどが抑うつ状態におちいる。妻もまたうつ病になれば、その確率は50％にまではねあがる。新生児を自宅に連れて帰るのに、理想的な状況とはいえない。

しかし、幸いなことに、これが全体像ではない。

子育てにともなうのは苦労だけじゃない

私が脳の発達について講演をおこなうと、親御さんたちはよく「子育てがこんなに大変だとは、だれも教えてくれなかった」という感想を述べる。私としては、親になることのむずかしさを矮小化《わいしょうか》したくはないけれど、本書ではべつの視点も提供したい。

ベテランの親が育児の大変さを強調しない理由のひとつは、子育ては「苦労」だけで成り立っているわけではないからだ。

それは子育ての主要部でさえない。

あなたがお子さんと実際に一緒にすごす期間は、あっという間にすぎてしまう。お子さんは見る見る変化していく。そしてついに、子どもは睡眠のスケジュールを決め、親に安らぎを求めるようになり、なにをすべきで、なにをすべきでないかも親から学ぼうとする。そして、やがてお子さんはあなたのもとを離れ、独立した人生を歩みはじめるのだ。

子育ての経験から親が得るのは、育児がいかに大変かということではなく、子どもをもつと自分がいかに弱い存在になるかという自覚だ。

作家のエリザベス・ストーンはこう語っている。

「子どもをつくろうと決心する——そこには重い意味がある。だって自分の心が身体の外にでて、永遠に歩きまわることを受けいれるのだから」

育児を経験した人は、もちろん眠れない夜を経験してはいるけれど、わが子が初めて自転車に乗れたときの高揚感や、初めて卒業式を迎えたときの晴れがましい気持ちも経験している。

だれもが、苦労以外のありとあらゆる経験を重ねてきたのだ。そして、そこに価値があることを知っている。

吉報はこれだけではない。

夫婦関係を守るには

赤ちゃんを迎えたあとに訪れる危機に関する知識があり、きたるべき事態にあらかじめそなえている夫婦は、赤ちゃんを自宅に連れて帰ったあと、こうした問題に悪影響を受けにくくなる。

それに、たとえ夫婦ゲンカをしたとしても、あまり後を引かずにすむ。

それが事実であると、私は証言できる。

私は1950年代に軍人の家庭で育った。車で外出するとき、母は3歳にも満たないふたりの子どものおでかけの準備に追われ、毛布、哺乳瓶、おむつ、汚れていない服などをあわただしくかき集めていた。

父はいっさい手伝わず、それどころか母が準備に手間取ると、よくイライラしていた。そして家から荒々しく外にでて、車に乗り、運転席にどすんと腰を下ろすと、おれはイライラしているんだぞといわんばかりにエンジンを吹かした。

そんなふうにカッカしたところで、心臓発作を起こすのが関の山だろうに。

そんな風景を見ていた私もおとなになり、父のそうした行動を思い起こすことはほとんどなかった。ところが、結婚して半年がたった頃、私は妻と夕食会に出席することになった。妻は身支度にえらく手間取り、私はイライラしてきた。そしてついに家から飛びだし、車に乗り込み、キーをイグニッションに差し込んだ。

そのとき突然、自分がいましていることは、その昔、父がしていたことだと気がついた。

われに返って深々と息を吐きだしたことを覚えている。

いくつになっても、親は子どもになんと大きな影響を与えることか。

ふいに、作家ジェームズ・ボールドウィンの一節を思いだした。

「子どもは親の言うことを聞くのは苦手だが、せっせと親の真似だけはする」

私はゆっくりとキーを抜き、妻のもとに戻り、すまなかったと詫びた。

以来、この愚行を二度と繰り返してはいない。

本書を執筆している時点で、私は結婚30周年を迎えようとしていて、子どもたちはティーンエージャーになろうとしている。そして、その歳月こそが、私の人生にとって最良の日々だった。

あなたにとって当然なことは、あなただけに当然なこと

車のキーの話からは、**視点を変えることのたいせつさ**が浮かびあがってくる。

私はこれを「あなたにとって当然なことは、あなただけに当然なこと」と、好んで表現している。

私の父には、子どもたちの外出の支度をする際にどうすべきかが、まるでわかっていなかった（わかっていたとしても、手伝いたいとは思わなかっただろうが）。

いっぽう母には、しなければならないことが明確にわかっていた。

ふたりの視点には「認知の非対称」があった。それが一因となり、険悪な夫婦ゲンカが起こっていたのである。

１９７２年、社会学者のリチャード・ニスベットとエドワード・ジョーンズは、大半の対立の中心には「認知の非対称」があると仮説を立てた。さらにふたりは、この非対称を

なくす努力をすれば、対立の大半を解消できると考えた。

実際、彼らの言うとおりだった。ここで重要なカギを握るのは、次のような考え方だ。**人は自分の行動に関しては、自身のコントロールの及ばない状況から生じたものだと考えるのに、他人の行動に関しては、本人の性格の特徴が色濃く反映されると考えるのだ。**

たとえば、ある男がデートに遅刻してきたとしよう。遅刻したのは外的要因のせいだ（渋滞に巻き込まれたからだ）と、本人は釈明するだろう。いっぽう、待たされた彼女のほうは、遅刻の原因は男のずぼらな性格のせいだ（渋滞を計算に入れなかったからだ）と考えるだろう。本人は遅刻の理由を説明するのに、自分の行動が外部の状況に制限されたからだと言い訳をする。だが、そんな言い訳に、相手は侮蔑の言葉を吐くだろう。

ニスベットたちは数十年もかけて、こうした非対称の例を分析した。そして、「人間というものはどうしても自分のことを過大評価し、自分の未来についても楽観しがちである」という結論をだした。

将来はいまより裕福になり、いまよりもっと輝かしい仕事に就き、どういうわけか感染病に罹患しないだろうと考えるのだ（がんのような病気になったときに精神的に多大なショックを受ける一因は、そうした重病にかかるのは「ほかの人」であって、よもや自分が罹患するとはこれっぽっちも考えていないからだ）。

さらには、ちょっと交流しただけで他人のことがどれほどわかるかについても、過大評価する。だれかと口論になったとしても、自分にはまったく先入観などないし、情報に通じていて客観的に判断をくだせると思い込んでいるし、それと同時に、対立する相手は偏見のかたまりで話にならず、無知で主観的だと決めつけるのだ。

共感を示す子どもの神経系は発達する

大半の戦いの根底に非対称があるとするならば、それを対称に近づける努力をすれば敵意をやわらげられるという仮説が成り立つ。

にわかには信じられないかもしれないが、ある日、「共感コンテスト」に参加した4歳の男の子が、この仮説が正しいことを証明した。

いまは亡き作家のレオ・ブスカーリアは、「いちばん共感を示せる子」を評価するコンテストの審査員を務めてほしいと頼まれたときのことを、次のように回想している。

優勝した男の子は、隣家に暮らす老人の話を始めた。老人は数十年も連れ添った妻に先立たれたばかりだった。4歳の男の子は隣家の裏庭から泣き声が聞こえてくることに気づき、老人の話を聞くことにした。そして老人の膝の上に乗り、老人が泣いているあいだ、そのまましばらく座っていた。ふしぎなことに、その行為に老人は心を慰められた。あとになって男の子の母親は、お隣のおじいさんになんて言ったの、と尋ねた。

するとその子はこう応じた。

「なんにも言ってないよ。ただ、おじいさんが泣けるようにしただけ」

この話にはいくつもの要素が重なってはいるが、その本質は一点に凝縮している。つまり、これこそが非対称な関係における反応のあるべき姿なのだ。

老人は悲しんでいた。男の子は悲しんではいなかった。それでも、ひょんなことからカウンセラーの役割をはたしたこの男児は、老人の気持ちのなかに入っていきたい、共感を示したいと思ったからこそ、ふたりの関係の釣り合いを変えることができたのだ。

共感を示そうという本質的にはごくシンプルな選択には強い力があり、よく共感を示している両親のもとで育つ幼児の神経系の発達をうながしていく。

共感とはなにか

かく言う私もかつては、「共感」などというふわふわしたテーマを神経科学の観点から研究するのは霊能者の電話占いを研究するようなものだと思っていた。

たとえば10年前に「共感の効果はパーキンソン病と同様、経験で得たデータによって立証できる」とだれかに言われたら、私は一笑に付していただろう。でも、いまはもう笑ってすませるような真似はしない。

共感をテーマにした信頼の置ける論文が次から次へと発表され、共感には三つの重要な要素があると説明している。

●他者の情動の知覚

人間は他者の情動の傾向に変化が生じたら、それを知覚する必要がある。行動科学における「情動」とは、感情や気分をおもてにだす表現を意味し、たいてい本人の考えや行動に結びついている。

●自分のこととして想像する

他者の感情に変化が生じたことを察すると、人はその観察した内容を、自分の気持ちのなかで起こったものとして置き換える。同様の状況に直面したら、自分ならどう反応するだろうと想像するのだ。

●相手とのあいだに境界線を引く

共感している人は、その感情は他者に生じているのであり、自分に生じているわけではないことを、つねに理解している。たしかに共感には強い力があるが、そこには境界線も引かれている。

反射的に共感を示す――三つの簡単なステップ

相手によく共感を示している夫婦は驚くべき結果をだしている。

因果関係の判断に誤りがあるとして批判されはしたものの、夫婦が離婚する見込みを90%近い正確さで予想した行動主義心理学者のジョン・ゴットマンは、共感を示す行動から円満な結婚生活を予測できると述べている。

ゴットマンの研究によれば、夫が自分の話をよく聞いてくれると妻が感じている――妻からよい影響を受け、夫が行動をあらためている――場合、その夫婦は基本的に離婚にいたらない（興味深いことに、自分の話を聞いてもらっていると夫が感じているかどうかは離婚の要因ではない）。その反対に、このような共感を示す交流がない場合、夫婦関係は破綻する。

また研究によれば、夫婦の対立の70％は解決できないそうだ。つまり、夫婦間の見解の相違は解消されることなく、ずっと残るのだ。

双方が互いの違いを認めて生きていけるようになるのであれば――これは結婚生活における最大の課題ではあるが――見解が一致しないままでもべつに困らない。だが、たとえ問題を解決することはできなくても、夫婦の見解のどんなところが違うのかは、把握しておくべきだ。

そして、**共感にこれほど威力がある理由のひとつは、共感が解決を必要としないからだ。ただ、相手に理解を示すだけでいい**。だからこそ、相手を認めることがきわめて重要なのだ。交渉の余地がつねに30％しかないのであれば、**夫婦仲の悪さを解消するもっとも有効な方法は、共感を示すことだ**。だからこそ夫婦間で共感が欠如していると、離婚する確率が高くなるのだろう。

同様の見解を述べる研究者は何人もいるが、なかでもゴットマンは育児にも同様の効果があることを発見し、「共感は重要であるだけではない。有効な育児の基盤である」と述べている。

ではゴットマンが報告したような円満な結婚生活を送るためには、いったいなにをしなければならないのだろう？

そのためには「共感の反射」――どのように感情を揺さぶられた場合でも最初に示す反応――を示す手法を身につけるといい。

たとえば、接している相手が激高した場合は、次の二つのシンプルなステップを踏んでみよう。

1．相手の感情の変化が、自分にはどのように見えるかを説明する。
2．そうした感情の変化がなぜ生じたのかを推測する。

対立を解消するために、共感反射を積極的に試みるよう努力すれば、意地の悪いことを言ったり、売り言葉に買い言葉で反応したりするのはむずかしくなるはずだ。私がこれまで研究してきた事例のなかで、ひとつ、実話を紹介しよう。

共感が子どもの成長につながる

ある女性には15歳の娘がいて、土曜日の夜だけは外出を許していたが、午前零時の門限だけは厳しく守らせていた。ところがある晩、娘は門限を守らず、午前2時をすぎてからようやく帰宅した。娘が家のなかに足音をしのばせて入っていくと、おそろしいことにリビングルームにはまだ明かりが灯っていて、見るからに怒っている母親が椅子に座っていた。当然のことながら、娘はこわくてたまらなくなった。

いっぽう母親のほうは、娘が暗い顔をしていることに気づいていた。もしかすると、今夜、つらいことがあったのかもしれない。このような場面では、ふつう、母親がお決まりの小言を並べたて、母と娘双方がぐったりと疲弊する。ところが母親は共感反射について友人から話を聞いたばかりだったので、説教をする代わりに共感を示してみることにした。

まず、単純ではあるけれど、相手の心情をどんなふうに読みとったかを伝えることにした。

「なんだか、暗い顔をしているように見えるけど」

すると娘は少し間を置いてから、小さくうなずいた。

「どうやら、ママのことをこわがっているだけじゃなさそうね」と、母親は続けた。

「気が動転しているように見えるわ。すっかり動揺しているみたい。っていうより、恥ずかしい思いをさせられたっていう感じかしら」

娘はだまったまま、口をひらかない。母からこんな言葉をかけられるとは思ってもみなかったのだ。そこで母親はステップ2へと段階を進め、娘が動転している原因をさぐりはじめた。

「今夜は、とてもつらい思いをしたのね？」

娘が大きく目を見ひらいた。そのとおり、つらい夜だったのだ。ふいに涙があふれだした。すると母親が事態を察し、やさしく声をかけた。

「彼とケンカしたんでしょ」

娘がわっと泣きだした。

「彼にフラれちゃったの！　だから、ほかの子に家まで送ってもらわなくちゃならなくって！　それで帰るのが遅くなったの！」

娘は母親の胸に飛び込み、そっと抱きしめられ、ふたりとも涙を流した。その夜、もう派手な言い争いは起こらなかった。共感反射を示す腕に抱かれているときに、口論などまず起こらない――子育てにおいても、結婚生活においても。

それでも母親は娘に罰を与えた。ルールはルールだからだ。そして、娘は1週間外出禁止になった。だが、母と娘の関係には変化が生じた。

娘が共感反射の真似をするようになったのである。

事実、研究によれば、共感反射が活発におこなわれている家庭では、そうした反応はよく見られる。

その週が明けた平日の夜、母親がふだんより遅い時刻にあわてて夕食の支度を始めた。長い1日を職場ですごしたあとで、見るからに焦っている。今夜の夕食はなにかと尋ねる代わりに、娘はこう言った。

「ママ、なんだか機嫌悪いみたい。もう夜も遅いし、疲れてるし、夕食をつくりたくないから？」

娘の成長を、母親は実感したのだった。

ちょっとした工夫が夫婦仲の悪化を食いとめる

共感を互いに示すことで強固な関係を築いた夫婦は、険悪な夫婦仲がもたらす最悪の結果を回避できるし、事前に予防策を講じていれば子どもの脳の健全な発達のためにも最高の家庭環境をつくりだせる。

そうすれば、賢くて、幸せで、道徳心のある子どもを育てる確率がもっとも高い夫婦になれるだろう。

キーポイント

- 夫婦の80％以上が親になると結婚生活の質の低下を経験する。
- 夫婦仲が悪いと、赤ちゃんの発達中の脳と神経系に悪影響が及ぶ場合がある。
- 夫婦仲が険悪になる四つの原因——睡眠不足、社会的孤立、仕事量の不平等、抑うつ状態——を理解し、対策を講じる。
- 子どもの目の前で仲直りする。
- 家事の量のバランスをとる。
- 赤ちゃんが生まれる前から社会に頼れる仲間をつくる。
- メンタルヘルスの専門家を見つけておく。
- パートナーと共感反射ができるようになる。

Chapter 2

Part 2

絶対に賢く幸せな子になる子育て

第3章

生まれつき賢い子の資質とはなにか

最年少大統領になった「病弱な子」

幼少の頃のセオドア・ルーズヴェルト大統領には、将来、傑出した人物になる予兆はいっさい見られなかった。セオドアは病弱な子で、臆病で内気だったうえ、喘息にも悩まされ、呼吸が楽になるようにベッドでは上半身を起こしたまま眠らなければならなかった。

通学するだけの体力がなかったので、仕方なく親が自宅で勉強を教えた。心臓も弱かったため、診察にあたった医師からは「デスクワークの職を見つけて、激しく身体を動かすような真似は絶対にしないように」と助言された。

幸い、セオドアの頭脳は病に屈することもなければ、医師の言葉に従うこともなかった。飽くことを知らぬ知性の持ち主で、見たものを写真のように記憶できる映像記憶の能力に恵まれ、なにかをなしとげたいと意を決していた彼は、9歳のときに初の科学論文「昆虫の博物学」を執筆した。

16歳でハーバード大学への入学を認められ、ファイ・ベータ・カッパ・クラブ〔成績優秀な大学生の友愛会〕のメンバーとなって大学を卒業した。23歳で州議会議員に立候補し、翌年には1812年戦争史に関する学術書を初めて刊行した。

こうして歴史家としての名声を確立したあと、有能な政治家としての評価も獲得した。そのうえ、彼は動物学者でもあった。さらに哲学者、地理学者、軍人、外交官としても広く知られ、最年少の42歳でアメリカ合衆国大統領に就任した。

セオドア・ルーズヴェルトはいまなお名誉勲章を授与された唯一の大統領であり、ノーベル平和賞を受賞した初のアメリカ人でもある。

●脳の力を決めるのは「遺伝」と「環境」

前途洋々とは思えない子どもも時代を送ったにもかかわらず、どうして彼はこれほどの賢人になれたのだろう？

あきらかに、この第26代大統領には「遺伝子」の助けがあったはずだ。

私たちはだれしも、知能の約50％を生まれつきの能力で左右されている。

そして残りの約半分を左右するのは「生育環境」だ。

これは親にとって二つのことを意味する。

第一に、どれほどあなたのお子さんが懸命に努力しても、脳が発揮できる力は遺伝子に左右されるということ。

第二に、遺伝子で決まる脳の力は全体の半分にすぎないということだ。

あなたのお子さんの知能は生育環境に大きく影響を受ける——とりわけ親の行動に。

本書では、「種子」すなわち遺伝子と、「土壌」すなわち生育環境の両方を見ていく。

まず、子どもの知能の生物学的基盤について説明していこう。

賢い脳はどんなふうに見えるのか

赤ちゃんの脳のなかをのぞき込めるとしたら、将来、その子がすばらしい知能を開花させる予兆を目にすることができるのだろうか？

脳の複雑に入り組んだ構造のなかで、知能はどんなふうに見えるのだろう？

そうした疑問に答えるためのひとつの手法は、頭脳明晰な人たちが亡くなったあと、その脳を実際に観察し、神経系の構造に知能の手がかりをさがすことだ。

科学者たちはこうした観察を、ドイツの数学者カール・ガウスから、ソ連の初代指導者ウラジーミル・レーニンまで、さまざまな人たちの脳でおこなってきた。

そしてアルベルト・アインシュタインの脳を研究したところ、驚愕の事実が判明したのである。

天才の脳はごく平均的なものだった

アインシュタインは1955年、ニュージャージー州プリンストン病院で亡くなった。彼の解剖をおこなったのはトマス・シュトルツ・ハーヴィーで、歴史上類を見ない強い独占欲をもつ病理学者としてその名を残すにちがいない。

ハーヴィーはこの高名な物理学者の脳を摘出し、さまざまな角度から写真を撮った。それから、その脳を切片へと切り刻んだ。しかし、これが騒動の発端となった。どうやらハーヴィーはアインシュタイン本人からも遺族からも、この高名なる脳を切断する許可を得ていなかったのである。

プリンストン病院側はハーヴィーに、アインシュタインの脳を返却するよう求めた。だが、彼はこれを拒否し、職を失い、カンザスに逃亡し、脳の標本を保存液に入れ、20年以上保管していた。

ときおり、彼はアインシュタインの脳の切片をほかの研究者たちに送りつけ、分析させた。そしてついに、彼はアインシュタインの脳――というより、その残りの切片――をプリンストン病院の病理学部長に返却することにした。ようやく、脳の組織が系統立った手法で研究されることになり、いよいよアインシュタインという天才の秘密があきらかになるのではと、科学者たちは胸を高鳴らせた。

その結果、なにがわかったのだろう？

なにより驚いたのは、そこには驚くべき発見がなにもないことだった。アインシュタインはきわめて平均的な脳の持ち主だったのである。

脳はごく標準的な構造で、多少の異常が見られたのはほんの数箇所だった。空間を知覚する部位や数式の処理にかかわる部位は大きめで、平均より15％重かった。また特有の部位がいくつか欠けていて、脳の処理のスピードが遅いことが想像されるところもあったが、グリア細胞は平均より多かった（グリア細胞は脳の構造をつくり、情報を処理する手助けをする）。だが残念ながら、とくに際立ったところはなかった。

大半の脳の構造には多少の異常があり、平均より萎縮している部位もあれば、むくんでいる部位もある。こうした個体差があるため、現在のところ、**脳の構造の特別な違いが天才の要因になると立証できてはいない。**

アインシュタインの脳はたしかにすぐれていたのだろうが、サイコロほどの大きさに切り刻まれた切片から、その明確な理由をうかがい知ることはできないだろう。

●生きている天才の脳にも「違い」を見つけることはできない

では存命していて、いま機能している脳を観察してみてはどうだろう？

近年では、脳の構造と機能の関係を知るために、当人が亡くなるのを待つ必要はなくなっている。画像検査を利用すれば脳を傷つける必要はないし、なにかタスクを実行している最中の脳を観察することもできる。

脳が本来の役割をはたしているところを観察すれば、そこに賢さを見いだせるのだろうか？

その答えは、やはり「ノー」だ。少なくとも、いまのところは。

生きている天才が難問に取り組んでいるところをいくら検査したところで、納得できるような類似性は発見できない。むしろ、その個体差に当惑するばかりだ。

「賢くなる遺伝子」は見つかっていない

では、DNAレベルではどうだろう？

研究者は「賢い遺伝子」をすでに発見しているのだろうか？

大勢の研究者がいまも探求を続けている。だが、こうした研究結果にともなう問題は、再現のむずかしさだ。たとえ、その遺伝子がきちんとした手法で確認されたとしても、その遺伝子多様体の存在はＩＱを３、４ポイントほど上昇させる原因でしかない。**今日まで、知能を左右する遺伝子はまったく単離されていない**。

知能の複雑さを考えれば、そんなものがあるのかどうかさえ疑わしいと私は考えている。

ところが世間には、いわゆるＩＱをやたらに重視している人がいる。

たとえばエリート向けの私立幼稚園や小学校の入学事務局の責任者がそうで、入学を希望する幼児に知能テストを受けるよう求める例が少なくない。

こうしたＩＱテストでよく出題されるのは、次の２問のような問題だ。

1．このなかには、ほかの四つとちがうものが、ひとつあります。それはどれですか？
うし、とら、へび、くま、いぬ。

「へび」を選びましたか？　おめでとう。この問題を作成した人物も、あなたと同意見です（ほかの動物は肢がある。すなわち、哺乳動物）。

2. 1000に40をたしてください。そこに、1000をたしてください。そこに、30をたしてください。そしてまた、1000をたしてください。そこに、20をたしてください。また、1000をたしてください。さいごに、10をたしてください。ぜんぶでいくつになりますか？

「5000」と答えただろうか？　それなら、お仲間はたくさんいる。調査によれば、この設問に取り組んだ人の98％がそう答えたという。だが、それは誤答だ。正答は4100である。

IQテストには、こんな問題が満載されている。こうした問題に正答できたなら、それは賢いことを意味するのだろうか。

研究者のなかには「IQテストなどしょせん、IQテストを受ける能力を測定しているだけだ」と考える人もいる。IQテストでなにが測定できるのか、研究者のあいだで意見が一致していないのが現状なのだ。

知能にはさまざまな分野の能力があることを考えれば、あなたの赤ちゃんの脳の力をひとつの数値を根拠に決めつけるような考えは断固として拒否するほうが賢明だ。

IQテストの歴史に関する知識で少しばかり武装しておけば、今後、こうした問題については自分で判断できるようになるだろう。

「IQ」至上主義の危険

もともとIQテストはアルフレッド・ビネーらフランスの心理学者のグループによって作成された試験で、学校で勉強をする際に支援が必要となる可能性のある児童を見きわめることを目的としていた。

この学者グループは30のタスクを発案し、児童に自分の鼻をさわらせたり、記憶を頼りに図を描かせたりした。このテスト作成のために、実際に実験を実施してきちんと確証を得ていたわけではなかったため、ビネーはこうしたテストの結果を額面どおりに解釈しないよう、一貫して警告していた。

自分が考案したテストには、誤差がともなうことを予測していたのである。

だが、ドイツの心理学者ウィリアム・シュテルンがこのテストを利用して児童の知能を測定しはじめ、その結果を「知能指数」という造語を用いて数値で示した。

スコアは、子どもの生活年齢〔暦のうえでの年齢〕に対する精神年齢の割合に100をかけて算出された。すなわち、ふつうは15歳になってからでないと解けない問題を10歳で解けたなら、(15/10)×100を計算し、IQが150になる。

このIQテストはヨーロッパで人気を博し、やがて大西洋を越えて広がっていった。1916年、スタンフォード大学のルイス・ターマンは、このIQテストの設問をいくつか削除したうえで、新たな設問をくわえた——ここでもまた実験に基づいた証拠がほとんどないまま修正されたのである。

この新たな手法は「スタンフォード・ビネー式知能検査」と命名された。そしてついに、この比率は平均を100とした釣鐘形のベルカーブで分布されるようになった。

こうしたテストのスコアがいったいなにを意味するのか、そもそも、いかなる手法で利用すべきなのかという問題に関しては、数十年にわたってさまざまな議論が繰り返されてきた。

議論は大いにけっこうだ。なにしろこうした知能測定の手法は、一般の人たちが想像しているよりもはるかにいいかげんなものなのだから。

脳の力をひとつの数値を根拠に決めつけてはいけない

ＩＱは生涯にわたって変動することが示されていて、環境から驚くほど大きな影響を受ける。ストレスや年齢でも変わってくるし、当人がほかの受験者の大半と異なる文化で育っていても変わってくる。

子どものＩＱは家族にも影響される。同じ家庭で育ったきょうだいのあいだでは、ＩＱの類似性が高まる傾向がある。裕福な人に比べると、貧しい人のＩＱがいちじるしく低い傾向も見られる。中産階級と比較して、収入が一定のレベルを下回る場合、そうした家庭で育つ子どものＩＱは経済的な要因に多大な影響を受ける。

低所得者層の家庭で生まれた子どもが、中産階級の家族の養子となった場合、ＩＱは平均12～18ポイント上昇する。

ＩＱがこれほど変動する事実を信じようとしない人たちもいる。ＩＱは永久に不変だ、と考えているのだ。

メディアもよく、その人間にそなわっている知能は不変であるような表現をするし、私たちも実体験からそんなふうに考えがちだ。セオドア・ルーズヴェルトのように生まれつき頭がいい人はいるものだし、そんなふうに生まれついていない人だっているものだ、と。

そう思い込んでいれば、割り切れるような気もする。

だが、知能はそれほど単純なものではない。

そして知能を測定する私たちの能力もまた単純ではないのだ。

「賢い」って、本当はどういうこと？

ＩＱテストの結果は変わりやすい。

そう聞いて、がっかりした方もあるだろう。なにしろ親というものは、わが子が賢いかどうかを知りたくてたまらないのだから。

そのうえ、わが子には賢くなってほしいのだ。

だが、このテーマを掘りさげていくと、多くの親がわが子に望んでいるのは「いい学校に入学する」という一点に集約していることがわかる。

いい学校に入学すれば、将来、成功する保証が得られるような気がするのだ。

では、はたして「賢い」ことと「成績」は相関関係にあるのだろうか？

たしかに関係はあるけれど、同じことを意味するわけではない。それに一般に想像されているほどには、その結びつきは強くない。

たったひとつの数値――あるいは二つの数値のあいだの相関関係――に、人間の知能という複雑なものを表現するだけの柔軟性はない。

ハーバード大学の心理学者ハワード・ガードナーは、1993年、多重知能（MI）という最新の理論を発表し、「精神は多面的で、多様な要素で構成される道具であり、どれほどもっともらしい理由がついた手段であろうと、単一の筆記試験形式で把握するのは不可能である」ことを立証する頑強な証拠があると述べた。

そう言われても、ちんぷんかんぷんかもしれないが、とにかく、「ひとつの数値がすべてを解明する」といった考え方はあらためなければならない。

人間の知能は、「表計算ソフトに連なる数字」ではなく、シチューの具材のようなものなのだから。

母さんのビーフシチュー――知能の五つの材料

寒い冬の日にキッチンから漂ってくる、母さんがビーフシチューを煮込んでいる香りは、食べ物にまつわる私の記憶のなかでもとびきり心安らぐものだ。

母さんは一度、私を勢いよくキッチンに連れていき、お得意のビーフシチューのつくり方を教えようとしたことがある。でも、これが簡単にはいかなかった。なにしろ母さんは、ほぼ毎回レシピを変えるという厄介な習慣の持ち主だったのだ。

「夕食のゲストの顔ぶれを見て、変えるのよ」とか「家にある食材で決めるわね」と、母さんは釈明していた。とにかく、絶品シチューの秘訣はたったの二つ。ひとつは、牛肉の質。もうひとつは、肉からにじみでる肉汁の質だ。この二つの条件が揃えば、シチューは美味しくできあがる。鍋のなかにほかにどんな具材を入れようと関係ない。

母さんのシチューと同様、人間の知能には二つの必要不可欠な構成要素がある。どちらも根源をたどれば、私たちが生き残るために進化上、必要不可欠なものにたどりつく。

ひとつは情報を記録する能力で、「結晶性知能」と呼ばれている。これには脳のさまざまな記憶のシステムがかかわっていて、そのシステムが結合して豊かなデータベースをつくりあげている。

二つ目の構成要素は、情報をそのときどきの状況に適応させる能力だ。これには即興でものごとをつくりだす能力が含まれ、データベースの特定の部分を思いだし、再結合させる能力も活用する。このように推論し、問題を解決する能力は「流動性知能」と呼ばれている。

進化の観点から見ると、「記憶力」すなわち「結晶性知能」と、「即興性」すなわち「流動性知能」という二つの能力を組み合わせることで、私たちは生き延びるうえで有利な二つの行動をとれるようになった。

つまり、ミスからすばやく学ぶ能力と、そこから学習したことを状況に適応させる応用力を駆使して、生き延びてきたのである。

たしかに「結晶性知能」と「流動性知能」は必須ではあるものの、人間が賢くあるためのレシピにはほかにも具材が必要だ。

うちの母のレシピが変化したように、家族が違えば、その脳という鍋のなかで煮込まれる才能の組み合わせも変わってくる。

ある息子はものごとを記憶するのは得意ではないけれど、数値や量を計算する能力はずば抜けているかもしれない。ある娘は言語には興味津々だけれど、簡単な割り算にさえまごつくかもしれない。

このふたりを比較して、どちらの子どもの知能が劣っているなどと、言えるはずがない。人間の知能のシチューの具材は多々あるけれど、うちの子はどんな知能に恵まれているのだろうと考える際には、次の五つの要素について検討してもらいたい。

- **探求心**
- **自制心**
- **創造性**
- **言語を使うバーバル・コミュニケーション**
- **言語を使わないノンバーバル・コミュニケーション**

こうした要素は、一般的なＩＱではまず測定されない。そして、こうした要素の多くは遺伝子で決まるところが大きいと、私たちは考えている。

というのも、この大半が新生児においても観察できるからだ。この五つの具材は人類の進化の歴史にルーツがあるのかもしれないが、外界から孤立している状態では存在しない。

すなわち、子どもがもてる知能を最大限に発揮できるかどうかは——セオドア・ルーズヴェルトでさえ——「育ち」で大きく決まってくるのだ。

①探求心

これからお話しするのは、乳児の探求心の強さを示す、私のお気に入りのエピソードだ。

先日、長老派教会で9か月の男の子の洗礼式に参列したときのこと。式は順調に始まった。赤ちゃんはおとなしく父親に抱かれ、信徒たちの前で洗礼を受ける順番を待っていた。両親が牧師のほうを向くと、赤ちゃんは牧師の手に握られたマイクをじっと見た。そしてマイクの球形の部分に向かって舌を突きだしたかと思うと、牧師の手からマイクを奪いとろうとした。マイクがアイスクリームのコーンかなにかに見えて、その仮説を検証すべく行動を起こしたのだろう。

すると、この長老派教会の牧師は、きわめて不適切な対応をした。赤ちゃんの手の届かないところまで、マイクをさっと引いたのである。だが、牧師はこの行動が間違っていたことにすぐさま気づいた。赤ちゃんが火がついたように泣きだし、自由になろうと身をよじり、マイクをつかもうと手を伸ばした。そのあいだずっと、舌を宙に突きだしている。

まさに、赤ちゃんは探求していたのだ。知の探究をしている最中に邪魔されてよろこぶはずがない。甘いものがかかわっているとなればなおさらだ。

両親がどう思ったのかはさだかではないけれど、乳児が夢中になってなにかを調べようとする場面を目撃できて、私は楽しかった。

この世にマイクが出現するずっと前から、子どもが生まれながらの科学者であることが、親にはわかっていた。ところが二〇世紀後半を迎えるまで、子どもがとる探求心の強い行動にはどんな特徴があるのか、特定できずにいた。

いまでは数々の実験が実施され、**赤ちゃんは一回ずつ試しながら周囲の環境について確認し、そのやり方を自分で修正しながら学んでいくことがわかっている。**

その手法はあくまでも積極的で、見事なまでに柔軟で、うっとうしいほどにしつこい。赤ちゃんは流動性知能を活用して情報を引きだし、それを記憶へと結晶化させる。だれもその手法を教えてはいないのに、世界中の赤ちゃんがそれを実践している。つまり、この行動は進化の過程で人間が身につけたものなのだろう。

赤ちゃんはみな科学者だ――そうではないかと、親たちが薄々感づいていたように。そして赤ちゃんにとっては、マイクがある教会も含めて全世界が実験室なのだ。

●イノベータDNA——知的好奇心をもつ人の特徴

周囲のものを調べ、探索する熱意をもち、ごくふつうのものごとについて突拍子もない問いかけをする探索行動は、ビジネスの世界でも高く評価される。いいアイディアからはカネが生まれる可能性があるからだ。

つねにカネ儲けができそうな名案を思いつく独創的なタイプの人たちと、それほど創造性には恵まれず、他人が発案した計画を実行する管理部門のタイプの人たちを分ける特徴は、いったいどこにあるのだろう？

ふたりのビジネス・リサーチャーが、このシンプルな疑問に関する調査に着手した。そしてなんと６年にもわたり、化学者からソフトウェア開発者にいたる３０００人以上の革新性に富んだ企業幹部を対象に調査をおこなった。２００９年に発表されたこの研究は、ハーバード・ビジネス・レビュー誌の賞を受賞した。

先見の明がある人には五つの特徴があり、研究者たちはこうした特徴を「イノベータDNA」と呼んでいる。その最初の三つは以下のとおり。

●関連づける力

コンセプト、問題、疑問など、ほかの人には明確に把握できないもののあいだに関連性を見いだせる。

●「○○したらどうなるか」とつねに疑問をもつ癖

「なぜ○○してはいけないのか」「どうしてこんなやり方をするようになったのか」といった疑問を投げかける。こうした疑問をもつ人は現状の限界も明確にし、問題を俯瞰的に眺め、試行錯誤を重ね、新たな提案をする。

●「改善をくわえて実験を繰り返したい」という抑えがたい欲求

起業家があるアイディアを思いつくと、自分が発案したアイディアをまずいったんバラバラにする。「テストしてみたい」欲求を絶えずもっているからだ。それが建造物であれば天井、地階、外観、耐性、周囲の長さなどを調べるように、アイディアをこと細かく調べる――自分のアイディアであろうと、だれのアイディアであろうと。

それは彼らのミッションであり、そのミッションとは「発見する」ことだ。

こうした特徴に共通しているのが「探求心」だ。つまり「探求しようとする意欲」である。その最大の敵は、イノベータがよく遭遇する「探求をよしとしない体制」だ。この論文の共著者であるハル・グレガーセンは、ハーバード・ビジネス・レビュー誌でこう述べている。

「私たちが注目したすべてのスキルを一言でまとめると〝好奇心〟になる。私はこれまで20年間、世界の偉大なリーダーたちについて研究してきたが、彼らに共通して見られたのは知的好奇心だった」

さらに、彼は子どもについても言及している。

「4歳の子どもは絶え間なく質問をしている。ところが6歳半になる頃には、挑発するような質問をするよりは、正しく答えるほうが教師から評価されることに気づき、しつこく質問するのをやめてしまう。そして高校生になる頃には、好奇心を全開にしてあれこれ質問するような真似はしなくなる。そしておとなになって組織で働くようになる頃には、好奇心など自分のなかからすでに追放している。経営幹部の80%が、新たなアイディアの発見に20%未満の時間しか費やしていない」

なんと痛ましいことか。

学校や職場をどうしてこのような場所にしてしまうのか、まったくもって解せない。

でも、あなたは親として、わが子の探求心を伸ばしてやれる——まずは、**しつこく質問してなんでも知りたがる探求心こそが、わが子の知能を開花させるのだと肝に銘じよう。**

②自制心

心身ともに健康な園児が、焼きたての大きなチョコチップクッキー2枚が置かれたテーブルの前に座っている。だがそれはキッチンにあるテーブルではない。

1960年代後半、スタンフォード大学のウォルター・ミシェルの研究室に置かれたテーブルだ。クッキーからは、とてつもなくいい香りが漂っている。

「ここにクッキーがあるよね?」と、ミシェルが園児に話しかける。

「食べたければ、いますぐ、1枚だけ食べてもかまわない。でも、いま我慢できたら、あとで2枚とも食べさせてあげよう。私は用事があって、この部屋からでていくけれど、5分たったら戻ってくる。私が戻ってきたときに、きみがクッキーを1枚も食べていなければ、ご褒美に2枚とも食べさせてあげよう。でも、私がいないあいだに、きみがクッキーを1枚食べてしまったら、ご褒美はない。だから2枚目のクッキーは食べられない。わかったかい？」

子どもがうなずき、研究者は部屋をでていく。

さて、子どもはどんな行動をとるだろう？

ミシェルは子どもたちがその後にとった、じつに愛らしくて愉快な行動を撮影した。まず、子どもたちは座ったままもじもじする。クッキーにわざと背を向ける子もいる。お尻の下に手を差し込む子もいる。片目を閉じ、それから両目とも閉じたあと、薄目をあける子もいる。

子どもたちはクッキーを2枚とも食べたいから、いますぐクッキーに手を伸ばすのを必死で我慢するけれど、その道のりは険しい。その子が園児なら、72％が誘惑に負けてクッキーを食べてしまう。だが小学4年生になると、誘惑に屈するのは49％だけだ。6年生になるとその割合は38％になり、園児の場合の約半分になる。

ようこそ、衝動制御の胸躍る世界へ。

衝動制御は、「実行機能」のもとでおこなわれる一連の行動の一部だ。

実行機能は、計画立案、予測、問題解決、目標設定などをコントロールする。これにはワーキングメモリーという短期記憶をつかさどる脳の領域がかかわっている。

ミシェルは同僚らと、子どものすぐれた知能には「実行機能」が欠かせない構成要素であることを突きとめたのだ。

●IQよりも実行機能のほうが将来の成績を予想する材料になる

いまではIQに着目するよりも、子どもの実行機能を見るほうが、その子が将来、どのくらいの成績をおさめるかを予測できることがわかっている。しかも、実行機能の差がもたらす成績の差はけっして小さくない。

「満足したい」という欲求を15分間先延ばしにできた子どもは、1分しか我慢できなかった子どもと比べると、高校生になったときにSAT（大学進学適性試験）のスコアが210ポイントも高くなることがわかったのである。

なぜだろう？

実行機能は、自分の気を散らせるもの（この場合は、誘惑）を、子どもがどの程度、無視したり遮断したりできるかに左右される。そしてこの能力は、五感に対する刺激があふれ、無数の要求に応じてすぐに選択を迫られる環境で生きるには必要不可欠だ。

互いに無関係な刺激が集まった雑音のなかから、自分に関係のある刺激を脳が選択すると、次に実行機能がそのタスクに脳を集中させる。これによって、気を散らして生産性を下げようとする誘惑にノーと言うことができるのだ。

神経学の観点から見れば、自制心はあなたの額の裏側あたりにある脳の二つの領域が送る「共通の価値を示すシグナル」から生じている。前頭前野腹内側部《ぜんとうぜんやふくないそくぶ》という領域に、背外《はいがい》側前頭前野《そくぜんとうぜんや》が電気信号を送るのだ。

子どもが欲求を満足させるのを先延ばしにする練習を積めば積むほど、脳はいっそう正確にこの電気信号を送れるようになり、行動をさらにコントロールできるようになる。だから子どもの脳を訓練すれば、自制心や実行機能の力を高めることができるのだ。けれど、そこにはもちろん遺伝子も関与している。

早い年齢から自制心を発揮する子どももいれば、遅い年齢で発揮できるようになる子どももいる。自制心の発揮に生涯、苦労する人もいる。ここでもまた、脳の配線が人によって異なることが示されている。

それでもデータは、**気を散らせるものを遮断できる子どもは学校での成績がはるかにいいことを示している。**

③創造性

人間はどうやって創造性を認識するのだろう?

これはむずかしい問題だ。というのも、だれもが文化的な主観や個人の経験の影響を大きく受けているからだ。それでも研究者たちは、創造性を発揮するにはいくつかの能力が欠かせないと考えている。

古いもののあいだにある新しい関係性に気づく能力、アイディアであれ具体的なモノであれ、いまは存在しないものをなんであれ、魔法をかけたかのようにつくりだす（たとえばピカソのように複数の視点から対象物をとらえた抽象画を描こうと思いつく）能力だ。

経験がアイディアのもとになる

人間の創造性にはさまざまなグループの認知機能がかかわっていて、そのなかには「エピソード記憶」と「自伝的記憶」のシステムも含まれる。こうしたシステムは自分の身に起こった出来事を脳が記憶し、あとでそうした体験を振り返る際に時間や場所を参照できるようにしている。

たとえばスーパーに買い物にでかけたこと、そこで買った商品などを、あなたは覚えているはずだ。ショッピングカートをあなたの踵《かかと》にぶつけてきたやつのことだって、当然、覚えている。エピソード記憶が脳で稼働しているからこそ、あなたはそうしたエピソードを覚えているのだ。

科学者のナンシー・アンドレアセンは、革新的な発想をする人たちが連想を始めると――関係がなさそうに思われる見解を鋭い洞察力で結びつけて――創造性を発揮できるようになり、脳内でいわばビデオレコーダーが動きはじめることを発見した。

脳のビデオレコーダーは大脳皮質連合野と呼ばれる領域にある。人間の脳のこの領域は大きくて――霊長類で最大だ――前頭葉、頭頂葉、側頭葉といった領域も含めてクモの巣のように広がっている。

彼女がもうひとつ発見したのは、**創造性に「リスクを冒す度胸」がかかわっていることだ**。

ある種のリスクを冒す行為には、専門家が「機能的衝動性」と呼ぶものがかかわっている。この機能的衝動性を管理しているのは、二つの別個の神経情報処理システムだ。ひとつのシステムはリスクの低い、つまり「冷静に《コールド》」意思決定をする行動を、もういっぽうのシステムはリスクが高い、つまり「興奮して《ホット》」意思決定をする行動を管理する。

冷静な意思決定とは、たとえば学生が友人とお気に入りの店に食事に行こうと意見を一致させせる行為を指す。いっぽう興奮した意思決定とは、友人にそそのかされて、超激辛のチリビーンズを注文する行為を指す。

子どもはありとあらゆるクレイジーなことをするけれど、機能的衝動性と、異常なまでの危険を冒す行為をどうやって区別すればいいのだろう？

残念ながら、その子ども（さらに言うならおとなも）の行動が「生産的」であるか、はたまた「愚か」であるかを判別するテストはない。

リスクに関する研究を実施したところ、そこには性別による違いがあることもわかっている。たとえば、男子は女子ほど用心深くない。この違いは2歳になる頃からあらわれ、以降、その差はぐんとひらいていく。生まれてから思春期までのあいだに事故死する確率は、男子は女子より73％高いうえ、男子はルールを破ることも多い。

だが、ここ数十年で、性別による差はどんどん縮まっている。おそらくそれは、男子、女子に期待される内容が変わってきたためだろう。こうした性差の問題に関しては、生まれと育ちを区別して考えるのがとてつもなくむずかしい。

どちらの性であるにせよ、創造的な起業家は機能的衝動性を本能としてあきらかにもっている。「リスクを冒す度胸」を測定するテストでは、彼らは当然のように高得点を獲得するうえ、あいまいなものに対処する能力も高い。

彼らが創造性を発揮しているときの脳のようすをｆＭＲＩで観察すると、ちょうど眼の奥にあたる脳の領域にある前頭前皮質のうち、内側前頭前野《ないそくぜんとうぜんや》と眼窩前頭皮質《がんかぜんとうひしつ》が明るく光る。

いっぽう「管理職タイプ」の場合、「リスクを冒す度胸」を測定するテストで高得点を獲得するわけでも、脳がこうした神経活動を示すわけでもない。

④言語を使うバーバル・コミュニケーション

次男のノアがまだ1歳にならない頃、複数の音節をもつ言葉を初めてしゃべったときの感激は、もっとも鮮やかな記憶として私のなかに残っている。誕生してからの6か月、ノアは家族のよろこびの泉だった。明るくて好奇心に満ち、はじけんばかりの笑みを浮かべ、泡風呂のように湧きあがる笑い声をあげていた。

そして言語の習得に対しても、楽しくてたまらないようすで取り組んだ。

とりわけ海に生息する生き物に興味津々で、私たちはノアのために、おむつを交換する台から見あげる天井のところに海洋生物の写真や絵を貼った。赤い巨大ミズダコのイラストも貼った。生後6か月の時点では、まだ完全な単語を話すことはなかったが、いまにも話しだしそうな勢いがあった。

ある朝、私は出勤前にノアのおむつをあわただしく替えていた。きれいにお尻を拭きおえると、ノアがふいに笑みを消し、天井をじっと見つめた。そして、ゆっくりと、しかし、しっかりと天井を指さし、視線をこちらに向けると、一音ずつはっきりと声にだした。

「オ・ク・ト・パ・ス」

そして声をあげて笑いだした。それからまたタコのイラストを指さし、いっそう声を張りあげ、「オ・ク・ト・パ・ス！」と言い、くすくすと笑った。私ときたら、もう心臓発作を起こしそうだった。

「そうだ！」と、私は声をあげた。

「オクトパス！」

ノアは「オクト、オクト、オクトパス」と笑いながら応じた。

私たちはふたりで「オ・ク・ト・パ・ス」とリズムをつけて繰り返した。

その日はそれからなにをしたのか、記憶にない――体調を崩したので休むと、職場に連絡したように思う――けれど、とにかくノアと私は一緒に踊るようにして、この8本足の生き物のすべてを褒めたたえた。その日から、ノアはほかの単語もどんどん言えるようになっていった。

●生まれてすぐに音を聞きわけられる

人間の知能には言語能力が重要な役割をはたしている。ＩＱテストにも言語能力を評価する設問が組み込まれている。

生まれてから最初の数か月で、子どもがこの人間特有の才能を獲得しようと懸命になるようすを見守るのは、親にとって至福の体験だ。おむつを替えてもらいながら、同時にさまざまなことをやってのけていたとき、ノアの頭のなかではいったいなにが起こっていたのだろう――というより、どんな子どもの脳のなかでも、まるで日が昇るかのように言語の夜明けが到来するのだろうか？

その実態はまだ解明されていない。言語を習得する過程については諸説あるのだ。いったん子どもが言語能力の習得を始めると、その能力は見る間に伸びていく。生後１年半を迎える頃になると、大半の子どもは50の単語を発音できるようになり、１００以上の単語を理解できるようになる。３歳を迎える頃、覚えた単語の数は１０００にまで急増し、６歳になる頃には６０００になる。誕生時から計算すると、日に３語の割合で新たな単語を習得していることになる。

言語の習得を終えるまでには長い時間がかかる。英語の場合、約５万の単語の習得が必要になる。単語だけではなく熟語も覚えなければならないし、「ヒッティング・ア・ホームラン」には「ホームランを打つ」ほかにも「大成功をおさめる」という意味があることや、「ポット・オブ・ゴールド」には「金の壺」のほかにも「かなわない夢」といった意味があることなども覚えなければならない。

このように、言語の習得はじつに複雑な過程を経る。語彙を増やすだけではなく、同じ音と見なされる音の集まり（音素）や単語の社会的意味（そこに込められた情緒的な意味合い）なども学ばなければならない。

乳児は、言語のこうした特徴を驚くほど早い時期から追っている。**生まれたときから、あなたの赤ちゃんはあらゆる言語の音を聞きわけることができるのだ。**

ワシントン大学の学習脳科学研究所の共同所長パトリシア・クールがこの現象を発見し、赤ちゃんのことを「世界市民」と呼んでいる。

また、著名な言語学者ノーム・チョムスキーは次のように述べている。

「私たちは特定の言語を話す能力をもって生まれてくるわけではない。どんな言語でも話せる能力をもって生まれてくるのだ」

外国語はCDでもDVDでもなく人から「直接」学習する

だが、この状態は長くは続かない。

1歳の誕生日を迎える頃、赤ちゃんはもはや世界中のあらゆる言語の音を聞きわけられなくなっていることを、クールは発見した。

赤ちゃんが区別できるのは、過去6か月間に触れたことのある言語の音だけになる。

生後6か月から12か月のあいだにrake（熊手）とlake（湖）という二つの単語を聞かされなかった日本の赤ちゃんは、1歳になる頃にはrとlの発音の違いを聞きわけられなくなる。

とはいえ、例外はある。訓練すれば、成人はほかの言語の発音であっても聞きわけられるようになるのだ。

だが一般的に、その機会には期限があるようで、その窓はあっという間に閉じてしまう。ほかの言語を聞きわける窓の扉は、生後6か月で閉まりはじめる。そして外部から押し開けようとする力がはたらかないかぎり、その扉は閉まったままだ。そして生後12か月を迎える頃、赤ちゃんの脳は、その後の人生でほかの言語を習得するか否かの決断をすでにくだしているのだ。

その扉が閉じないようにするにはいったいどうすればいいのだろうと、クールらは思案した。

赤ちゃんに外国語のCDを聞かせるのはどうだろう？　はたして脳は外国語の音素を聞きわけようとして、その扉を開けたままにしておくだろうか？

では、外国語を話す人のDVDを視聴させるのはどうだろう？

その答えはノーだ。

それでもやはり、扉は閉じていく。

ほかの言語に対して扉を開けたままにしておく手法はひとつしかない。

交流を通じて言葉を伝えるのだ。

本物の人間が部屋に入っていき、子どもに向かって直接、その言語を話さなければならないのだ。子どもの脳がこの交流を認知すれば、脳内のニューロンがその第二言語を音素などを含めてすべて記録しはじめる。こうした認知作業をおこなうには、脳は生身の人間から情報満載の刺激を得て、その刺激を相互にやりとりしなければならない。

●知能は愛情に満ちた、ぬくもりのある腕のなかで育まれる

こうしたデータに隠れているのは、驚きを禁じえないひとつの説で、この説は発達科学

のさまざまな実験で立証されている。

人間が学習するうえで、もっとも原始的な手法は「人との交流」を通じて身につけるやり方なのだ。知能は、生命が宿らない冷たい機械に囲まれた世界で育まれるものではない。愛情に満ちた、ぬくもりのある腕のなかで育まれる。

だから親はわが子と生身の交流を通じて、子どもの脳の配線を変えることができるのだ。

あの笑い声が聞こえるだろうか？

わが息子、ノアがあげた笑い声は、親が積極的にかかわる行為こそが、人間として言語を学習するうえで欠かせず、それがどれほどすばらしいかを、父親に体現していたのである。

⑤言語を使わないノンバーバル・コミュニケーション

話す能力は人間に特有の特徴だが、それはコミュニケーション行動という広大な世界の一部にすぎず、ほかの動物は言語を使わない手法でコミュニケーションをとっている。

だがドッグトレーナー界のレジェンド、シーザー・ミランが指摘するように、ほかの動物と同じように人間がコミュニケーションをとっているとはかぎらない。ミランはメンズ・ヘルス紙で「新しく飼うことになった犬と初めて会うと、人間はつい犬のもとに駆け寄り、身体を撫で、話しかけたいと思ってしまう」と、述べている。それはもちろん、親しくなりたい相手と初めて会ったときの人間の習慣だ。だがミランの話によれば、「犬の言葉では、これはとても攻撃的で、混乱させられる」行為であるらしい。

動物の世界における顔と顔をあわせるコミュニケーションにはさまざまな意味があり、その大半はあまり感じのいいものではない。相手の顔をじっと観察して社会情報を引きだす行為には、哺乳類動物の進化の歴史が色濃く反映されている。

ところが、人間は脅威を伝える以外にも、アイコンタクトなど顔を使ったコミュニケーションをおこなう。私たちは地球上でもっとも洗練された手法で、言葉を使用せずにメッセージを送っている。赤ちゃんの頃から笑顔やしかめ面とあわせて、身体を利用して社交上の情報を伝えているのだ。表情と身ぶりを組み合わせて利用すれば、肝心な点をすばやく伝えられるからだ。

ボディランゲージの意味に関しても、世間には俗説が山ほどまかりとおっているが（脚を組みかえる動作にも意味があるとよく言われているけれど、ただ脚が疲れたからという理由で脚を組みかえることだってありますよね）、事実を立証している研究結果も報告されていて、そのなかには育児に関するものもある。

なかでもじつに興味深い二つの研究は、ボディランゲージや身ぶりが人間の発話と相互に関係していることを示している。

●手話を学ぶと認知機能が50％上昇する

身ぶりと発話は、私たちの進化の歴史で、似たような神経回路を利用して発達してきた。この説を最初に提唱したのは、シカゴ大学の心理言語学者、デイヴィッド・マクニールだ。彼は身ぶりを利用したコミュニケーションを学べば、言語を使う技術も向上し、たとえ行動をつかさどるさまざまな脳の領域を利用するとしても、その結びつきを強固に保つのではないかと考えた。

彼は正しかった。脳に損傷を負い、四肢を動かせなくなった人は、言語を利用してコミュニケーションをはかる能力も徐々に失っていくことがわかったのである。

乳児に関する研究でも同様の関係が見られた。いまでは、指を細かく動かせる能力が発達するまでは、乳児にはより高度な語彙を身につけられないことがわかっている。これは注目に値する発見であり、身ぶりは「思考プロセスをのぞくための窓」であると、マクニールは述べている。

では身体を動かすジェスチャーを身につけると、ほかの認知機能も向上するのだろうか？

これに関してはさらなる研究を要するものの、ある研究がその可能性を示唆している。正常な聴覚のある小学1年生たちが9か月間、手話の初級クラスを受講したあと、一連の認知機能テストを受けた。すると集中力、空間認識力、記憶力、視覚弁別能力のスコアが、指導を受けなかった対照群と比べて50％も向上したのである。

赤ちゃんに必要なのは「顔をあわせて」コミュニケーションをはかる時間

ジェスチャーのなかでもとりわけ重要なものとして、顔の表情を思い浮かべる方もあるだろう。

赤ちゃんは人の顔をじっと見つめるのが大好きだ。母親の顔がいちばん好きだけれど、サル、ラマ、ネコ、イヌの顔よりも、人間の顔を好む。

では、赤ちゃんはあなたの顔を見つめて、なにをさがしているのだろう？

それは、感情だ。この人は、幸せなのだろうか、悲しいのだろうか、おびえているのだろうかと、さぐっているのだ。

私たちはだれしも、他人の顔色をうかがうことに多大な時間を割いている。相手の身ぶりやしぐさが伝えていることが、言葉によるコミュニケーションと一致するときもあれば、微妙にずれているときもあり、正反対の場合もある。

私たちの人間関係は、相手の表情を読みとる能力に左右される。だから反射的に人の顔色をうかがう。これは新生児の行動にも見てとれる。この能力は時間の経過とともに発達し、生後5か月から7か月頃には、きわめて洗練された行動を見せるようになる。なかには、生まれつき他人の表情を読みとるのがうまい人もいる。けれど、ときには誤解することもある。

人の表情を完璧に解読するには、何年もかけて経験を積まなければならない。正確に読みとる技術を向上させる唯一の方法は、他者との交流だ。だからこそ、赤ちゃんは生後数年のあいだに、ほかの人間と交流する時間を必要とする。コンピュータに触れる時間など不要なのだ。テレビを見る時間も不要である。

赤ちゃんの脳が必要としているのは、一貫してあなたとじかに交流する時間なのだから。

非言語のシグナルを読みとれる子どもは成功する

しぐさや表情から相手の本心を読みとる能力がある子どもは、二一世紀に仕事で成功をおさめると予測できるだろうか？

成功をおさめた起業家を調査している研究者たちは、「予測できる」と考えている。本書ではすでにイノベータDNAに関する研究であきらかになった五つの特徴のうち三つを見てきたが、残りの二つは本来、社交に関するものだ。

●人脈づくりが得意

成功をおさめた起業家は、自分とはまったく異なる教育を受けてきた有能な人たちに魅力を覚えていた。そのおかげで起業家たちは、その人物と知りあわなければ知るよしもなかった知識を獲得できたのである。

社会的な観点から見ると、自分とは異なる分野の教育を受けてきた人と懇意にするのは容易ではない。彼らはどうやって、そうした努力を継続しているのだろう？

次の行動を利用して、人々の心理を洞察しているのだ。

●人の行動の細かいところまで観察する

起業家たちは相手の外見を観察し、そこから手がかりを得て相手の本質を見抜く天賦の才の持ち主だった。つまり、人の身ぶりやしぐさ、顔の表情を読みとるのが得意なのだ。

こうした非言語のシグナルを正確に解読しているからこそ、起業家たちは自分とはまったく異なる分野の専門知識をもつ人たちから情報を引きだせるのだ。

わが子にはイノベータとして成功してほしい？

それなら、相手の身ぶりや表情から真意を読みとる技術をマスターさせよう――それに見あう旺盛な好奇心を発達させるのもお忘れなく。

IQテストでは測れない成功する力

探求心、自制心、創造性、言語を使うコミュニケーション、言語を使わないコミュニケーションなど、知能のシチューをつくるうえでは、それはもう種々雑多な具材が必要となる。

通常のＩＱテストではこうした要素を測定するのは無理だけれど、こうした要素はあなたのお子さんが将来成功をおさめるうえで大きな役割をはたす。子どもにはそれぞれ独特の個性があることを考えれば、意外な話ではない。

けれど、なかにはあまりにも意外で、にわかには信じられないものもある。だからお子さんがＩＱテストで97パーセンタイルに入っていなくても、がっかりすることはない。お子さんは、ＩＱテストでは評価できない分野の知能が高いのかもしれないのだから。

キーポイント

- **子どもの知能には、親にはなんの手立てもできない部分がある。知能の約50％には遺伝子が関与している。**
- **ＩＱはあくまでも知能を測定するひとつの手法にすぎない。**
- **知能には、探求心、自制心、創造性、コミュニケーション能力など、さまざまな具材が必要となる。**

第4章

賢く育てる環境のつくり方

「賢さ」は環境で育まれる

セオドア・ルーズヴェルトは子どもの頃、病弱だったため、両親が自宅で勉強を見てやらなくてはならなかった。そうした環境で育てられたのは、おそらく、彼の身に起こった最高の出来事だった。

幼少期からの持病のため、将来、大統領となるこの子は、とてつもなく愛情深い父親にずっと寄り添ってもらえたのだ。「虚弱な子どものよき父親」を表彰する殿堂があるとすれば、この父親を初代メンバーにすべきだろう。

彼は日記に、幼い頃、よく父親の大きな腕で抱きあげられたものだと述懐している。父親は呼吸が楽になるよう、息子の上半身を起こした状態で抱っこしたまま、何時間も廊下を往復したという。

ふたりは天気がよければ外にでて自然の世界を探検し、雨天の日は図書館にでかけた。徐々に、彼はたくましくなっていった。

そして、父親は息子をこう励ましつづけた。懸命に努力しなさい。もっと努力しなさい。そして、これ以上は無理というほど、せいいっぱい努力を重ねなさい、と。

その数十年後、アメリカ合衆国大統領となったルーズヴェルトは、日記にこう綴った。
父は疲れたようすも見せずに、私の世話をほんとうによくしてくれた……そして、なにより賢明なことに、私を甘やかそうとはせず、ほかの男の子たちに負けないよう、自分で自分を奮起させ、世間にでてから重労働もこなせるよう準備をととのえてくれたのだ。

当人は知るよしもなかったが、父親はのちに名声を博す息子を育てるにあたり、きわめて信頼の置ける認知神経科学の理論を実践していた。たしかにセオドア・ルーズヴェルトは生まれつき聡明で、生まれた家も裕福だった。

この二つの要因は、すべての親が子どもに与えられるたぐいのものではない。けれど、彼は愛情あふれる家庭に生まれ、細やかな配慮のあるしつけを受けて育った。この二つは、あらゆる親が子どもに与えられるたぐいのものだ。それどころか、ルーズヴェルトの父親のように、あなたには親として大きな権限が与えられていて、それをさまざまな行動で示すことができる。

遺伝子がどうであれ、セオドア・ルーズヴェルト、アルベルト・アインシュタイン、それにいま大成功をおさめているイノベータたちと同様に、わが子がもてる知能を存分に発揮するように導くことができるのだ。

なにを「しないか」も重要

では、賢い赤ちゃんを育てるには、どうすればいいのだろう？

本書では「土壌」という考え方を土台にしているので、ここではどんな肥料を使えばいいのかを考えていこう。

肥料の成分を決めるにあたり、なにを「くわえるか」と同じくらい重要なのは、なにを「くわえないか」を判断することだ。

親としてくわえるべき成分には四つの栄養素があり、赤ちゃんの成長にともなって、その配分を調整していけばいい。**その成分とは、「母乳を与える」「赤ちゃんに話しかける」「遊び方を教える」「成果より努力を褒める」**だ。

その反対に、いくつか有害な成分もわかっている。まず、脳がまだ対応できる段階まで発達していないうちから、子どもになんらかの課題を強制してやらせること。

課題のなかには毒となるものがいくつかあることが、研究によって判明している。

脳が取り組むにはまだ発達的に準備がととのっていない作業を強要すると、子どもは多大なストレスを感じ、「学習性無力感」という心理状態に追いつめられてしまう。

また2歳未満の子どもには、テレビを見せないように。

たくみな宣伝文句を用いて市場で売られている知育DVDのたぐいにも、まったく効果はない。

本章ではこれから、子どもの知能をのびのびと発達させつつも、厳しくしつけをする、そのバランスが重要であることを説明していこう。

脳の本業は学習ではない

まず、みなさんに思い違いを正してもらいたい。

世の善意ある親たちは、子どもの脳は「学習そのものに興味をもっている」と考えている。けれど、それは正確な解釈ではない。

脳は学習そのものにはまったく関心がない。

脳が関心をもっているのは「生き延びる」ことだけ。

私たちの知能の道具箱に揃っている能力は、「絶滅しないため」に開発してきたものばかりだ。この原始的な目標を達成するためだけに、学習は存在する。

私たちは学習能力があるから生き延びたのではない。学習を続けてきたからこそ、生き延びることができたのだ。

この最優先の目標からは、さまざまなことが予測できる。

なかでも重要なのは、子どもに教養を身につけてほしいのなら、親は「安全な環境」をつくらなければならないことだ。

脳は安全を求め、その欲求が満たされると、ニューロンが活性化できるようになる。ルーズヴェルトの父親は、まず息子をしっかりと抱きしめた。だから息子は安心感を覚えた。よって、この将来の大統領は勉強に夢中になれたのである。

育児には「安全な環境」がなにより必要

安全に対する脳の執着は、突然、暴行を受けた人物のようすを見ればよくわかる。それは「凶器注目効果」と呼ばれていて、見知らぬ相手から襲撃された被害者は、その後、暴行を受けたときの記憶を喪失したり、混乱したりする。被害者はたいてい犯人の顔の特徴を思いだすことができない。

ところが、使用された武器については細部までよく覚えている。

「安物の小型拳銃で、左手に握られていました。グリップは木製でしたね」と、被害者は興奮気味に話すかもしれない。

なぜ、犯人がもっていた拳銃のことをよく覚えているのだろう？

捜査の役に立つとはかぎらないのに。

そしてなぜ、犯人の顔を覚えていないのだろう？

そちらのほうがはるかに有益な情報なのに。

その答えは、脳がつける優先順位のせいだ——安全第一。武器は最大の脅威となる可能性があるため、脳はその一点に焦点をあわせる。

なにしろ、**脳は「生き延びる」ことに集中するようにできている**。そのため脳は、こうした生存に適さない環境でも学習している（ストレスは驚異的なまでに思考を集中させる）。つまり脳は脅威の源に集中しているだけなのだ。

戦闘機の元パイロットが航空大学で指導教官を務めていたとき、この効果が作用するところを目の当たりにした例を紹介しよう。

ある女子学生が学科ではきわめて優秀だったものの、いざ実技となるとかなり手こずっていた。飛行訓練では計器の表示を読みあやまったので、教官が大きく声をあげて間違いを指摘した。そうすれば集中力を取り戻すだろうと考えてのことだった。ところが女子学生は泣きだし、計器を正確に読もうと努力はしたものの、もはや集中することはできなかった。結局、教官が飛行機を着陸させ、訓練は終了した。

なにがいけなかったのだろう?

脳の観点から見れば、この事態になにひとつ悪いところはなかった。学生は脅威の源に意識を集中させていた。そうするように、数百万年も前から脳に刻み込まれていたからだ。指導教官がいくら怒ったところで、学生の意識を計器に向けることはできなかった。なぜなら、計器自体が脅威の源ではなかったからだ。

脅威の源は指導教官だったのだ。これは「安物の小型拳銃」が「指導教官」に替わっただけの「凶器注目効果」の一種である。

同じことが、育児にもあてはまる。脳はけっして「生き延びる」という目標を最優先事項からはずすことがないからだ。

脳の発達をうながす4種類の活性剤

では次に、赤ちゃんの脳の発達をうながす肥料について掘りさげていこう。

まずは、土壌に4種類の栄養素をくわえよう。

①なるべく1年間は母乳で育てる

発達過程の赤ちゃんにとって、母乳は栄養面における特効薬のようなものだ。母乳には重要な塩分、さらに重要なビタミンが含まれている。免疫力を高める物質も含まれていて、耳、呼吸器、胃腸の感染症を防ぐ。

そしてだれもが驚いたことに、世界各地でおこなわれた研究によって、手短にいえば**「母乳を与えれば赤ちゃんが賢くなる」ことが判明したのである**。

母乳で育てられたアメリカの子どもは、粉ミルクで育てられた子どもと比べて、認知機能テストで平均8ポイント高いスコアをだしたうえ、その効果は授乳を終えて10年近くが経過しても観察できた。母乳で育てられた子どもは、とりわけ読み書きの成績がよかった。

どうしてそうなるのだろう？

その答えは明確にはわかっていないが、いくつか説はある。

そのひとつは、母乳には生後、赤ちゃんの脳が発達するために必要な成分が含まれていて、その成分を赤ちゃん自身ではうまくつくれないという説だ。そうした成分には、神経の発達に欠かせないアミノ酸の一種であるタウリンなどがある。

また母乳にはオメガ3脂肪酸も含まれていて、小児の認知機能を向上させるその効果については第1章ですでに説明している。

米国小児科学会は、赤ちゃんが生まれてから最初の半年間は母乳だけで育てて、離乳食が始まっても授乳を続け、1年後に離乳させることを推奨している。

わが国にもっと聡明な国民を増やしたいのであれば、ありとあらゆる公共施設に授乳室を設けてほしいと主張すべきだろう。授乳室のドアには、次のようなプレートをかけるといい。

「どうぞ、お静かに。赤ちゃんの脳、発達中」

②赤ちゃんにたくさん話しかけよう

子どもとのやりとりは、子どもが使っている言葉がわかるようになると、いっそう楽しくなる。おとなが使っている言葉を子どもが覚えようとしているときには、いくつか覚えやすい単語を子どもの脳にそそぎこんであげよう。

それは、親がわが子の脳の発達のためにできる、もっとも健全な行為のひとつだ。

できるかぎり頻繁に、子どもに話しかけよう。子どもの発達における研究のなかでもきわめて信頼の置ける研究結果として、その効果はあきらかになっているのだから。

言葉と賢さとの関係は、かなり立ちいった調査を通じてあきらかになった。ある研究では、調査員がひとつの家庭を毎月、3年にわたって訪問し、両親と子どもたちがかわす言語コミュニケーションをさまざまな側面から観察し、記録に残した。語彙の量、種類、語彙が増える割合、言葉のやりとりの頻度、会話にこめられている感情の度合いなどを観察したうえで、最後にはIQテストも実施した。これを40以上の家庭でおこない、さらにその数年後には追跡調査も実施した。この驚くほどに徹底した調査を詳細に分析したところ、二つの事実が浮かびあがってきた。

●言葉の種類と数、どちらもたいせつだ。
●話すと、子どものIQが向上する。

親が子どもに話しかけるほど、たとえ生後間もない新生児であっても、子どもの言語能力は向上し、向上するスピードも上がる。1時間に2100語を使うといいらしい。

話す単語（名詞、動詞、形容詞などのほかにも、ある程度の長さがある複雑なフレーズや文を含む）の種類もまた、会話にでてくる単語の数と同様に重要だ。肯定的な反応をたくさん示すのもいい。

言葉を使ってやりとりをしていれば、自然と言語能力を伸ばすことができるのだ。赤ちゃんをよく見て、口にしている言葉を真似よう。笑い声や顔の表情も真似してみよう。赤ちゃんが自分なりの言葉を発しようとしていたら、大げさに反応しよう。

●3歳のときにはIQに1・5倍の差がつく

親から肯定的に、豊富な語彙で、頻繁に話しかけられていた子どもは、ほとんど話しかけられなかった子どもの2倍ほどの量の単語を知っていた。

小学校に通うようになると、そうした子どもは会話の少ない家庭の子どもと比べて、読む、綴る、書く能力がはるかに高かった。赤ちゃんはおとなのような受け答えはできないものの、しっかりと聞いている。それが子どもにとってはいいことなのだ。

たとえ収入といった重要な変数の影響をとりのぞいたあとであっても乳幼児の時代から話しかけていれば、わが子のIQを上げることもできる。3歳を迎える頃には、親（おしゃべりなグループ）からしょっちゅう話しかけられていた子どもは、親（無口なグループ）からあまり話しかけられていなかった子どもと比較して、IQのスコアが1・5倍高かった。このIQの高さが一因となり、親がおしゃべりなグループの子どもたちのほうが成績もよかったのだろう。

だが、これだけは肝に銘じてもらいたい。あなたのお子さんの脳にいい影響を与えるには、生身の人間が必要であることを。だから声帯を鍛えようではありませんか。ポータブルのDVDプレーヤーでは役に立たないし、お宅のテレビにサラウンドスピーカーがついていたってダメなのだ。

いいかい、あなたの声帯が、ものを言うのだから。

なにを、どんなふうに言えばいい?

1時間に2100語とは、ずいぶん多い。そう思う方もあるだろうが、実際のところ、それはごくふつうの会話で使われる単語の量だ。

仕事をしている時間をのぞけば、人はふつう1日に10万語を見たり聞いたりしている。だから24時間休みなく、赤ちゃんにぺちゃくちゃ無意味なことを話しつづける必要はない。刺激が多すぎるのもまた、刺激が少なすぎるのと同じくらい、脳の発達には有害になりうるからだ（ここでも「ゴルディロックスの原理」があてはまる）。

赤ちゃんが疲れているサインを見逃さないことも肝心だ。だからといって、言語にまったく触れさせないのは愚の骨頂。

「さぁ、おむつを換えますよ」「きれいなお花ね！」「あれはなあに？」などと話しかければいいだけなのだから。階段を上るときに、一段一段、声にだして段数を数えるのもいい。

とにかく、話すことを習慣にしよう。

どんなふうに話しかけるかも、またたいせつだ。

●親語には効果がある

じつは、世界中の親たちがみんな、赤ちゃんには「親語《ペアレンティーズ》」で話しかけていることが判明している。赤ちゃんの耳にとっては、猫にとってのマタタビのような効果がある。

親語の特徴は、甲高い声と母音を伸ばした歌うような口調だ。親はそれと気づかないうちにこうした話し方をして、赤ちゃんの脳が言語を学習しやすいように仕向けている。

では、なぜこの話し方に効果があるのだろう?

まず、ゆっくり話をすれば、内容が理解しやすくなる。また、母音の音がいっそう明確になるように発音する。この母音の強調により、赤ちゃんはひとつひとつの発音を明確に聞きわけられるうえ、ほかの発音と区別できるようになる。

親が抑揚をつけて話しかければ、赤ちゃんはひとつの旋律をひとつのかたまりとして認識しやすくなる。それが高い調子であれば、ひとつひとつの発話の特徴を真似しやすくなる。なんといっても、赤ちゃんの声道は成人の4分の1程度しかなく、限られた音しか発声できないうえ、当初は高音でしか話せないからだ。

できるだけ早くから話しかけよう

では、いつからこんなふうに赤ちゃんに話しかければいいのだろう?

その答えはだれにもわからない。けれど、どうやら「赤ちゃんが生まれたらできるだけ早く」であるという強力な手がかりが得られている。

アンドルー・メルツォフに舌を突きだした新生児の例からもわかるように、赤ちゃんは生まれてから42分後にはもう、おとなとしっかり交流することができる。そしてまだ話せない乳児であろうと、山ほどの言語情報を処理している。たとえ生後3か月の赤ちゃんであろうと、そばで読み聞かせをすれば、そこに交流が生まれるはずだ。

教育心理学者ウィリアム・ファウラーは、このような話し方の指針に従って新生児に話しかけるよう、ある親のグループに指導した。すると、赤ちゃんたちは生後7か月から9か月のあいだに初めて単語を話し、なかには10か月でひとつの文を話した赤ちゃんもいた。その後、この赤ちゃんたちは2歳までに文法の基礎を身につけたという。だが対照群の子どもたちが同等の文法を身につけたのは、4歳を迎える頃だった。

その後も長期にわたって調査を続けたところ、赤ちゃんの頃からよく話しかけられていた子どもたちは成績がよく、そのなかには数学や科学の成績も含まれていた。高校に入学すると、その62%が飛び級や上級クラスなどで勉強していた。

このように赤ちゃんによく話しかければ、発達中の脳に肥沃な土壌をもたらすことができる。そしてお子さんが大きくなるにつれ、ほかの要素も重要になってくる。

この肥料に追加すべき次の栄養素は「自発的な遊び」だ。

これに関しては、長男がまだ3歳だった頃、私はとても愉快な体験をした。

③遊びバンザイ！

クリスマスの朝のことだった。ツリーの下には、息子たちのために買ったクリスマスプレゼントの箱が置いてある。おもちゃのレーシングサーキットのセットだ。私は息子たちがその箱を開けるのを、いまかいまかと待ちかまえていた。なかからでてきたプレゼントを見たとたんに、ふたりとも、わーっと歓声をあげるだろうと期待していたのだ。ところが段ボール箱を乱暴に開けたふたりは、しばらく困ったような顔をして、なにも言わない。

1分経過。

やがて息子たちはレーシングサーキットの部品をすべてとりだすと、空き箱を高く掲げた。熱狂が戻ってきたようすが、ありありと伝わってきた。

「わかった！」と、弟が声をあげた。

「これ、ヒコーキなんだね！」

「違う」と、兄が叫んだ。「宇宙船だよ！」

「うん、そうだ、宇宙船だね」と、弟もあっさり同意した。

そしてふたりは床に転がっていたクレヨンを拾いあげ、空き箱のあちこちに絵を描きはじめた。なんだかよくわからない小さな円、線、四角形……。レーシングサーキットの部品は床に散らばったまま、完全に無視されている。

私はただただ呆気にとられた──こりゃ、ずいぶん無駄づかいをしたものだ。

しばらくすると、もっとクレヨンをもってこようと、長男が二階に上がっていった。そして、うれしさを爆発させたような声をあげた。巨大な段ボールの空き箱を見つけたのだ。妻と私が購入した新しい椅子が届いていて、その空き箱が置きっぱなしになっていたのである。

「やったあー！」と、長男は歓声をあげ、その段ボール箱をもちあげると、えっちらおっちらと階段を下りてきた。

「これがコッ、ク、ピッ、ト、だ！」

それからの2時間、ふたりはクレヨンと絵の具で夢中になって箱に落書きをした。そして、二つの箱をテープでしっかりとくっつけた。

「エイリアンはここに閉じ込めてやる」と、ひとりが宣言した。

そして、ふたりで小さなダイヤルを描きはじめた。包装紙の芯でレーザー砲もつけくわえた。ついに宇宙船が完成すると、その日はずっと、ふたりで宇宙船を飛ばしつづけた。「あくまのビーバー」とか、「わかめのまじょ」とか、変わった名前をもつ敵役も次から次へと考えだした。

ふたりはもはやシアトルではなく、未来世界のアルファ空域で活躍する、トイレトレーニング中の乗組員と園児の船長だった。

妻と私は息子たちを眺めて大声で笑い、しまいに涙を流した。どんな親にとっても、子どもたちがこうした創造性を発揮するようすを眺めるのは、このうえないよろこびだ。

とはいえ、そこではもっと深い意味をもつ現象も進行していた。このように**子どもがのびのびと自由な発想で楽しめる「オープンエンド」の遊びに没頭していると、土壌を肥沃にする肥料をほどこす効果を脳に与えているのである。**

幼児期はオープンエンドの遊びをさせよう

読者のみなさんのなかには、疑問に思う方もあるかもしれない。

ただ子どもを自由にのびのびと遊ばせるだけでいいの？

デジタルの教育用ツールをあれこれ買い与える必要はないの？

外国語のレッスンを受けさせて、そのあと軍隊式の厳しい鍛錬をさせなくていいの？

じつのところ、私は子どもが正規の学校教育を受けはじめる頃には、規律を守った反復学習に効果があると考えている。ところが、世間の親は幼いわが子の将来のことばかり考えたあげく、子どもの成長の旅の過程を製品開発の工程のようにとらえてしまう。だから、わが子を自由にのびのびと遊ばせることに尻込みするのだ。

1981年から1997年までに、親が子どもに与える「なにをしてもいい自由時間」は約4分の1も減少している。アトランティック誌で、エスター・エンティンはこの調査について詳細に報告している。

子どもたちが「学校ですごす時間は18％増加し、宿題をしている時間は145％増加している。さらに親と買い物をしている時間は168％増加している。1997年の子どもは、コンピューターゲームを含めて、1週間にたった11時間しか遊んでいないことが判明した」と。

以来、子どもたちに自由時間が足りないという問題は改善されていない。2011年、研究者のピーター・グレイは、子どもの自由時間は50年以上にわたって減少の一途をたどっていると報告した。

そのいっぽうで、「赤ちゃんを賢くする」謳い文句の製品——オープンエンドの遊びとは正反対の目的をもつ流行のおもちゃ（乳児用の教育用DVDほど息が詰まるものはない）——は莫大な利益を生みだす一大産業となっている。

いまでは、オープンエンドの遊びこそが、子どもの神経の発達においてタンパク質と同じくらい重要であることがわかっている。だから教材用のフラッシュカードより、フラッシュカードが入っていた空き箱のほうが、幼児の脳にはよほどいい効果があるはずだ。

ある種のオープンエンドの遊びをしてすごした子どもたちには、対照群の子どもたちと比較して、次のような特徴が見られた。

●創造性をいっそう発揮する

拡散的思考テスト（慣れ親しんだ物の多様な使い方を発案できるかどうかを評価する）を実施したところ、オープンエンドの遊びをしてすごした子どもは、対照群の3倍以上、さまざまなアイディアを思いついた。

●言語能力が高い

のびのびと遊んでいる子どもたちは、言葉の使い方がうまかった。語彙が豊富で、単語をさまざまなかたちで使うことができた。

●問題解決力がすぐれている

これは応用力を発揮する流動性知能で、知能のシチューの基本的な具材のひとつだ。

●ストレスを感じにくい

ふだんから自由に遊んでいる子どもたちは、対照群と比較して、不安を感じている度合いが半分程度だった。これもまた問題解決力を高める要因となる。不安を覚えていると、問題解決力に悪影響が及ぶのは周知の事実だ。

●記憶力がいい

「ごっこ遊び」をしていると、記憶力が高まる。たとえばスーパーマーケットにいるふりをして遊んでいた子どもたちは、対照群と比べて、買い物リストに記されていた単語を2倍の数、覚えていた。

●社交性がある

遊びには社会における緩衝材のはたらきがあることが、都市部の低所得者層が暮らす地域の犯罪統計にあらわれている。低所得者層の子どもが幼年期に遊びを重視する保育園や幼稚園に通っていた場合、23歳までに重罪で逮捕される割合は10％未満だった。いっぽう、教育や規律を重視する幼稚園に通っていた場合、その割合は33％を超えていた。

●衝動を抑え、自制心を強くする遊びを選ぶ

こうしたデータには、「タマゴが先か、ニワトリが先か」という疑問がつねにつきまとう。そもそも遊びとは、なにかを学習する手法なのだろうか？　それとも、すでに発達した能力を強化したり、ただ利用したりしているだけなのだろうか？

幸い、こうした論争がもちあがったからこそ、どんな科学者の心をもわしづかみにするような出来事が起こった。論争が繰り広げられた結果、この研究はさらなる資金提供を受けられたのである。新たな研究では、次のような問いかけをした。

はたしてオープンエンドの遊びには、子どもの能力を伸ばす特定の行動が含まれている

のか？

その答えは、疑問の余地なく「イエス」であることが判明した。

ただし、オープンエンドの遊びなら、なんでもめざましい成果を得られるというわけではない。**ただひたすら自由に好きなように遊ばせればそれでいいというわけではないのだ。**

このような「干渉しない」手法を推奨する人たちは、子どもには生まれながらにして完璧で活発な創造性があって、空想の世界をつくりだす的確な能力をもっているというきわめてロマンティックな思想を吹き込まれている。だがそれでは、ただ子どもたちを好きなようにさせておけば、子どもがおとなを導いてくれると考えるようなものだ。

たしかに、私もある程度はこうした考え方に同意している。子どもは創意工夫に富んでいて、好奇心旺盛だ。私自身、ほかのどんな例よりも、うちの息子たちから創造性について学んできた。

けれど同時に、子どもはきわめて未熟だ。自分の可能性の扉をひらくカギをすべてもっているわけではない。だからこそ、子どもには親が必要なのだ。

あなたがお子さんのあらゆる認知機能を向上させたいのであれば、衝動を抑えたり、自制心を強くしたりする遊びを選ぼう――前章で説明したように、実行機能を強化する行動は子どもの知能を向上させるシチューの具材となる。いますぐクッキーを食べるのを我慢させる実験がその好例だ。データによりあきらかになっているこの事実を活用して、わが子を遊ばせる工夫をしていこう。

●想像力と自制心は「ごっこ遊び」で伸ばせる

子どもの心を育てるうえでは「計画的なごっこ遊び」が有効で、これには1日に数時間を割かなければならない。この遊びは「ツールズ・オブ・ザ・マインド」というプログラムで学校の授業に組み込まれていて、無作為化比較対照試験を長年実施されてきた数少ないプログラムのひとつだ。

「ツールズ・オブ・ザ・マインド」は、ロシアの心理学者レフ・ヴィゴツキーのアイディアに由来している。**想像力を発揮する遊びを通じて、子どもは行動を自制するようになる**と、ヴィゴツキーは考えていた。たとえば、ある男の子がコックさんの役を演じるのであれば、彼はある種のルールを守り、周囲の期待に応えなければならないし、「コックさんらしさ」を再現しなければならない。

この「コックさんごっこ」に友だちもくわわるのであれば、ほかのみんなもルールを守らなくてはならない。ああしよう、こうしようとみんなで話し合いをして、どんなルールを設けるのか、どんなふうにルールを守るのかを決めるのだ。

このようにして自制心は育まれていくと、ヴィゴツキーは仮定した。

集団でこうした作業を続けるには、おとなでさえ、知能を総動員させなければならない。「なんだか、現代の『実行機能』の原型っていう感じだな」と思った方もあるだろう。大正解。ヴィゴツキーの弟子たちは、想像上の場面を演じている子どもたちは、ごっこ遊びをしていないときよりも、衝動をうまく抑制できていることを示した。

こうした研究結果を確認しようと、次から次へと新たな研究がおこなわれ、やがて「ツールズ・オブ・ザ・マインド」のプログラムが誕生した。子どもの自制心を伸ばすために必要な要素は三つに絞られる。

遊びの計画を練ること、ごっこ遊びをじかに指導すること、そして指導する環境のタイプを決めることだ。

●遊びの計画を立てよう

未就学の子どもたちは、想像力にあふれたごっこ遊びの1日へと解きはなたれる前に、「遊びの計画」という用紙のマス目にマーカーで色を塗っていく。「お人形さんたちといっしょに、動物園でお茶を飲む」のか、「ブロック玩具でお城をつくって騎士ごっこをする」のか、その日の遊びをはっきりと決めておくのだ。そして子どもたちは、遊びの計画を記入した用紙をはさんだクリップボードをもって歩く。

「ごっこ遊び」には練習がいる

そのあと、子どもたちには「ごっこ遊びの練習」なる演技指導がおこなわれる。子どもたちは「ごっこ遊び」の技術について、オープンエンドの指導をじかに受けるのだ！　指導手引書の一文を抜粋しよう。

「自分の赤ちゃんが泣いているところを想像して、そのふりをしてください。あなたの赤ちゃんは泣いていますね？　では赤ちゃんに、どんなふうに声をかければよいでしょう？」

指導を受けたあと、子どもたちは自分の想像の世界へと羽ばたいていく。週の終わりには、子どもたちは指導者と一緒に短い「振り返り」の時間をもち、その週にどんなことを経験し、学んだかをリストアップする。子どもたちはまたグループ・ミーティングもおこなう。指導者はたいてい、問題解決にかかわる話し合いで、子どもたちに助け船をだす。

広々としたプレイルームで遊ぶ

「ツールズ・オブ・ザ・マインド」を実施している教室では、ブロック玩具があちこちに散乱している。つくりかけのジグソーパズル。新世界を建設中のブロック。パーティーにでかけるためのドレス。なにやら工作をしているところもある。そして箱、また箱！

ここでは、ほかの子どもたちと交流するための時間と空間がたっぷり用意されている。それぞれの子どもが想像力と創造性を発揮する状況の組み合わせは、無限にあるように思えるほどだ。

この「ツールズ・オブ・ザ・マインド」のプログラムに参加した子どもたちは、対照群と比較して、実行機能を評価するどんなテストにおいても30％から100％、スコアが高かった。**つまりそれは成績がいいということだけではなく、そうした子どもたちの実行機能がすぐれていることを意味している。**

そして実行機能とは、さまざまな論文によれば、その後の学業の成功を示す二大要因のひとつだ。つまり、「ツールズ・オブ・ザ・マインド」プログラムには成績を上昇させる効果があるのだ。

すなわち感情の制御――衝動の抑制――ができるようになるほうが、丸暗記の学習法を続けるより、認知機能の向上に効果があるというわけだ。

私はなにも丸暗記の学習法が悪いと言っているわけではない。データの暗記は、人間の学習にとってきわめて重要な要素のひとつだ。とはいえ、これだけは言える。

想像力と自制心を育めば、知能を伸ばすことができるのだ。

④IQではなく、子どもの努力を褒める

育児の経験のある方にはおわかりのように、生まれつき知能の高い子どもが自動的にハーバード大学に入学できて、人生の輝かしいスタートを切るわけではない。数学でいい成績をとれるかどうかだってあやしいものだ。

IQが高ければ、学業でいい成果をあげられると予測を立てることはできても、GPA（成績評価値）とは相関関係があるともないともいえない。そのうえ、IQが高ければ高い知能を要する活動で有能かどうかも、はっきりしていない。

すばらしいパフォーマンスを見せる人とそうではない人を分けているのは、天賦の才ではない。最新の研究によれば、そうした差異を生むのは、きわめて地味な――だが結局は、自分の力でどうとでもできる――要因だ。ほかの条件がすべて同じであるとしたら、**差をつけるのは「努力」なのだ。**計画を立てて、集中して訓練するのだ。

心理学の観点から見れば、努力は意識を集中させ、その集中を維持しようとする意欲から生まれる。また努力するには、衝動を抑制しなければならないし、自分が満足するのをつねに先延ばしにしなければならない。

褒め方で「成功」の認識が決まる

では、どうすればわが子にそんな努力をさせられるのだろう?

意外にも、それは子どもの褒め方で変わってくる。

親がなにを褒めるかによって、子どもが「成功」と認識するものが決まってくるからだ。

ここで、世の親はよく間違いを犯す――すると教師がよく目にする、このうえなく悲しい光景が繰り広げられる。

聡明であるにもかかわらず、勉強するのが大嫌いな子どもがいる光景が。

イーサンは両親からよく「おまえはほんとうに頭がいい!」と褒められていた。「イーサン、おまえはなんでもできる。おまえのことが誇らしいよ」と、彼が算数で楽々と満点をとってくるたびに、親はそう褒めた。スペリングであろうが、どんなテストであろうが、点数がよければ褒めてくれたのだ。子どもは褒めて育てるにかぎると考えて、イーサンがいい成績をとるたびに、親は褒めつづけた。

おまけに、それは「もともと、おまえの頭の出来がいいからだ」とも、つけくわえた。

親のこうした褒め方がみずから成長しようとする力を子どもから奪うと、研究者たちは考えている。だがイーサンの親は、こうした褒め方が子どもに害を与えていることなど、知るよしもなかった。

やがて幼いイーサンは、まったく努力を必要としないテストでいい点をとれるのは、自分が生まれつき頭がいいからだと考えるようになった。

ところが中学生になると、努力しなければいい点をとれない科目がでてきた。しだいに楽々といい成績をとることができなくなり、生まれて初めて不本意な成績をとるようになった。けれどイーサンは、自分を向上させる努力を始めようとは思わなかった——だって僕はもともと頭がいいんだから。だが、もはや彼には授業の内容をすばやく理解することができなくなっていた。

これはなにを意味するのだろう？

もはや、彼は神童ではないということだ。**自分がこれまで成功してきた要因がわからなければ、失敗したとき、どうすべきかもわからない**。そのため、じつにあっさりと、イーサンは努力するのを放棄した。そして、彼の成績は急降下した。

「頭がいい」と褒めつづけると努力をしなくなる

イーサンの気の毒なストーリーは、なにかにつけて褒められて育った子どもによく見られる例だ。

こんなふうに子どもを褒めつづけていると、次の三つの事態を招きやすいことがわかっている。

第一に、子どもは「ミス」を「失敗」と、とらえるようになる。

「おまえはもともと頭の出来が違うから、いい成績がとれるんだ」と言われつづけた子どもは、自分ではコントロールできない能力のおかげで成功したと考えるようになり、失敗（たとえば成績が悪かった）も自分の力が及ばないことだと考えるようになる——そして、自分にはそれだけの能力がないから仕方のないことだと思ってしまう。

成功は自分でがんばって努力を重ねた結果ではなく、生まれつきの能力でもたらされるものだと誤解してしまうのだ。

第二に、子どもは実際に努力して学習するよりも、「賢く見せる」ことを重視するようになる（イーサンは実際に頭がよかったのに楽をすることばかり考えていたし、周囲に自分を賢く見せようとしていた。「学ぶ」こと、それ自体がたいせつだとは、まったく思わずに成長してきたのだ）。

第三に、自分に足りないところがあったとしても、その原因を直視して、事態を改善しようとは思わなくなる。

こうした子どもは、自分がミスをしても、それを認めようとしない。失敗を認めようものなら、厳しい現実を直視しなければならないからだ。

「よくがんばったね」と声をかける

では、イーサンの両親はどうすべきだったのだろう？

その答えはじつにシンプルであることがわかっている。

頭の出来がいいと褒めるのではなく、「よくがんばった」ことを褒めるべきなのだ。テストの結果がよかったときに、「おまえを誇りに思うよ。ほんとうに頭がいいわね」と、言ってはならない。そんなふうに言うと、子どもの生まれつきの特徴、つまり「頭の出来」

という固定した才能を褒めることになる。すると、子どもに硬直した考え方をする「こちこちマインドセット」を植えつけてしまう。

イーサンの両親は「あなたを誇りに思うわ。よくがんばって勉強したわね」と、言うべきだったのだ。こうすれば、**みずからの意志でやり抜いた努力を褒めることができる**。すると、子どもに「しなやかマインドセット」を植えつけられるというわけだ。

30年以上にわたる研究により、「こちこちマインドセット」より「しなやかマインドセット」を重視する家庭で育った子どものほうが、つねに成績がいいことが判明している。それは、おとなになっても変わらない。

「しなやかマインドセット」をもつ子どもは、失敗しても、そこから気持ちを一新させて立ちなおろうとする。ミスを失敗と見なして、いつまでも気に病むのではなく、ミスをしたら、その原因となる問題を解決すればいいと考えるのだ。

学校でも研究室でも、「しなやかマインドセット」をもつ学生のほうが、「こちこちマインドセット」をもつ学生よりも、むずかしい課題に時間をかけて取り組んでいた。そして、そうした課題を解決できた例も多かった。「よくがんばっているね」と努力を褒められていた学生は、「頭がいい」と褒められていた学生よりも、数学の難問を解ける確率が50%

から60％も高かった。

この分野で著名な研究者キャロル・ドゥエックは、テストを受けている学生のようすをよく観察していた。「とにかく落ち着いて、この問題を解かなくちゃ」「難問って大好き！」と、うれしそうな声が聞こえてくることもあった。

こうした学生たちは「しなやかマインドセット」の持ち主で、「ミスは努力が足りなかったから起こるのであって、自分に能力が足りないせいではない」と考えていた。認知機能を駆使して努力すれば、ミスを修正できることがわかっていたのだ。

ではその反対に、これまでずっとわが子を「こちこちマインドセット」で褒めていた親にとっては、もう子どものマインドセットを変えるのは手遅れなのだろうか？

この疑問に答えるには、さらなる研究を要する。だが研究により、たとえ限られた期間であっても「しなやかマインドセット」をもたせるように努力すれば、わが子にいい影響を与えられることがわかっている。

子どもの努力を褒めていれば、子どもはもって生まれた知能がどれほどのものであれ、それを最大限に発揮できるようになる。

よって、子どもを育てる土壌にほどこす肥料の第四の栄養素として「努力」をくわえるのが望ましい。

では次に、「制限すること」が望ましいものについても見ていこう。

テレビ、ゲーム、インターネットについてはまだよくわかっていない

ある日、私は教育関係者や親御さんたちのグループに講演をおこなった。視覚の情報処理に関して簡単に説明し、脳がその処理に高い優先順位をつけているという話を終え、なにか質問がおありの方はいらっしゃいますかと尋ねた。

すると、ひとりの女性が「じゃあ、テレビは脳にいいんですよね？」と、だしぬけに声をあげた。室内に低いざわめきが広がった。さらに高齢の紳士が声をあげて尋ねた。

「例のみょうちきりんなゲームはどうなんです？　それに、インターネットは？」

すると、ひとりの若者が立ちあがり、弁護するように言った。

「ゲームにはどこにも悪いところなんてありません。それに、インターネットにだって、悪いところはないんです」

徐々に、議論が白熱していった。そして、高齢者と若者が対立する図式ができあがった。

ついに、だれかが大きな声で「脳科学者に聞いてみましょうよ」と言い、私のほうを向いた。

「あなたはどうお考えなんです？」

これは無視してはならない疑問だ。いまやスマートテレビが誕生し、スマートフォンがどんどんスマートになるこの時代に、世界中の学生がデジタルの影響を受けている。そしてテレビやスマートフォンの画面を見る時間が、発達途上の子どもの日常生活に組み込まれている。

親はテレビのことを心配すべきなのか？　それとも、ゲームの心配をすべきなのか？　インターネットはどうなんだ？


率直に言わせていただこう。デジタル時代の影響に関する論文はいいかげんなものばかりだ。とくに脳、行動、ゲームに関する研究はどれもおそまつ。そうした論文に対する簡単な論評を見ても、計画が安易である、指針に偏りが見られる、対照群がない、標本が無作為に抽出されていない、標本サイズが小さすぎる、実験の回数が少なすぎるなどと指摘されている――さらには声高で怒りさえ帯びている意見が多数、寄せられている。

ゲームやインターネットに関しては、期待できそうな研究が進められてはいるものの、新しい研究分野ではよくあることだが、初期の研究結果は玉石混交《ぎょくせきこんこう》だ。つまり、そんな研究結果を鵜呑《うの》みにしようものなら、だれも幸せにはなれない。

子どもは親を真似る――見せる内容は慎重に選ぶ

わが子になんらかの画面を見せるとき、まず考慮すべきなのは、その内容だ。

理由は二つある。

第一の理由は、子どもは真似をするのが大の得意だから。ライトが点灯する箱を見せたところ、赤ちゃんがそこにおでこをくっつけた話を覚えておいでだろう。たった一度、ある行動を見ただけで、真似して同じ行動をとる能力を「延滞模倣」という。

乳児は、この延滞模倣の能力を猛烈なスピードで発達させる。生後13か月の乳児は、たった一度体験しただけのことを、１週間後に思いだすことができる。１歳半を迎える頃には、たった一度体験しただけのことを４か月後にも真似できるようになる。

子どもがこの能力を失わないことを、広告業界は数十年前から熟知していた。なにしろ、子どもはおとなになってからでも延滞模倣をするのだから（子どもが親元を離れてから何年たっても、つい親のふるまいを真似してしまうのは、この延滞模倣が一因となっている。妻を待ってイライラしているときに、私が父を真似て乱暴に車のキーをまわしたように）。

子どもに見せる内容がきわめて重要である第二の理由は、私たちの予想や思い込みが、現実の認識に大きな影響を与えるからだ。

あなたがいま経験していることに関して、脳は自分の意見を言いたくてたまらない――そして、この脳の意見をとりいれた認識こそ、現実だと思い込ませてしまう。

あなたが認識する現実は、五感が脳に伝える情報と、脳が「こう感じるべきだ」と考えるもののあいだで合意に達したものにすぎない。

経験が予想へとかたちを変え、その次に、あなたの行動に影響を及ぼすのだ。

●外からの情報はすぐに脳に影響する

イェール大学の心理学者ジョン・バージは、感受性がいかに敏感であるかを立証する実験をおこなった。彼は健康な大学生の一団に、これから言語能力テストを実施すると伝えた。そして単語のリストを渡し、リストにある単語を使って意味の通る文章をつくりなさいと指示した。ぜひ、みなさんも試していただきたい。次の単語を使って、文章をつくってみよう。

すぐに思い浮かぶのは、Bitterly, the lonely old man with the wrinkled face sat down

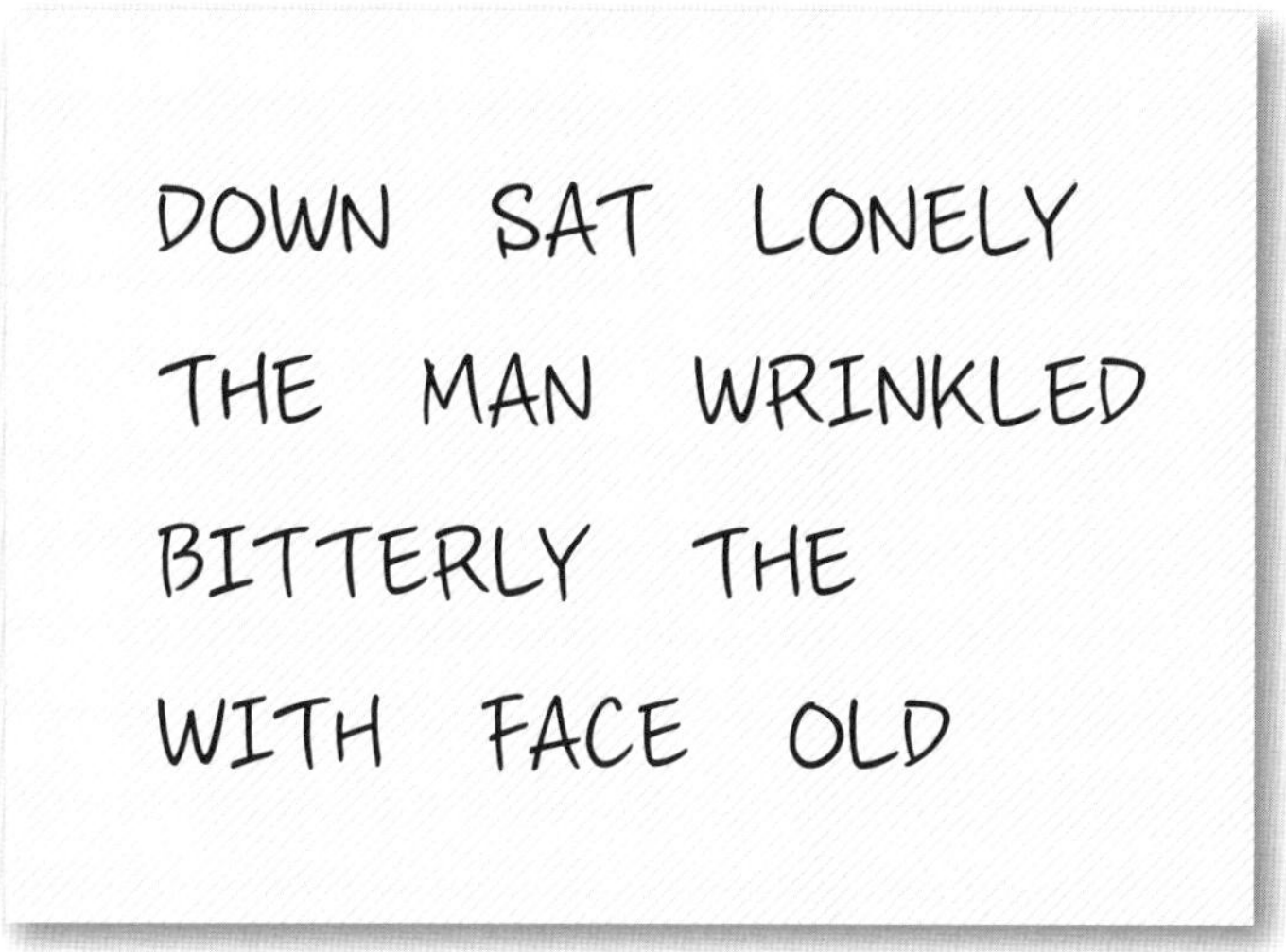

（いかにも苦しそうに、皺だらけの顔をしたひとりぼっちの老人が腰を下ろした）という文章だ。

だがじつのところ、これは言語能力のテストではなかった。

リストのなかに、高齢に関連する単語がたくさんあることに着目してもらいたい。バージは被験者がどれほど創造性を発揮して文法を活用するかになど、さらさら興味がなかった。彼が関心をもっていたのは、こうした単語を読んだあとで、学生たちが部屋をでて通路を歩いていくのにかかる時間だった。

すると、驚くべき結果がでた。「高齢」にかかわる単語が多く含まれたリストを読んだ学生たちは、「ランダム」な単語リストを読んだ学生たちと比較して、通路を歩くのに40%も長い時間がかかったのである。なかには部屋をでるときに、実際より50歳も一気に老けたかのように、前かがみになって足を引きずる学生までいた。

バージの研究は、**外部からの情報が脳内のふるまいに強烈な影響をすぐに及ぼす**ことを示す、多々あるデータのひとつにすぎない。

だから、あなたがお子さんの脳に入れることを認めた情報は、お子さんが世界を予測するやり方に大きな影響を与える。ひいては、**世界をどう認識するかだけではなく、お子さんの行動そのものにも影響を及ぼす**。生後1か月の乳児であろうと、その20年後の大学生であろうと、この事実に変わりはない。

2歳まではテレビを見せない

子どもにテレビを見せるべきか否かという議論は、すでに下火になっている。それがどんな内容であれ、テレビを見せる時間には制限を設けるべきだと、専門家の意見は一致している。そしてまた、私たちがそのアドバイスを完全に無視しているという点でも、見解は一致している。

私は子どものころ、毎週日曜日の夜、ウォルト・ディズニーの「ディズニーランド」が始まるのを心待ちにしていた。大好きな番組だったのだ。そして番組が終わると、両親がテレビを消したことも覚えている。

ところが、現代ではもうそんなことはしていない。

2歳以上のアメリカ人は1日あたり平均4時間49分もテレビの前ですごしている――10年前よりも20％増えているのだ。さらに、画面を見はじめる年齢はどんどん低くなっている。この問題をいっそう複雑にしているのが、さまざまなデジタル機器の普及だ。2003年、6歳未満の子どもの73％がテレビを毎日見ていた。そして2歳未満の子どもは、テレビやパソコンなどの画面を1日あたり平均2時間5分も眺めていた。アメリカ人は仕事以外で1日あたり平均約10万の単語に接していると前述したが、その45％はテレビ経由だ。

だが、ここで厳然たる事実をお伝えしよう。

2歳未満の子どもがテレビを見ていい時間は「ゼロ」である。

テレビは敵意をもたせ、集中力をそぐ

数十年も前から、子どもが「テレビを見る時間」と、「同年代の仲間との敵対関係」に

はつながりがあることがわかっていた。

だが、そこに因果関係があるかどうかについては意見が分かれていた（「もともと攻撃的な子どものほうがテレビを見る時間が長いのでは？」という意見があったのだ）。だがいまでは、これが延滞模倣の能力と衝動をコントロールする能力がかかわった問題であることがわかっている。

いじめに関する調査から、ひとつの例を紹介しよう。

4歳未満の幼児がテレビを見る時間が1日に1時間増えると、小学校に入学する頃にいじめをおこなうリスクが9％増加する。これは、感情の制御がうまくできないせいだ。

米国小児科学会は、現実に起きている暴力行為の10％から20％はメディアによって暴力シーンを見聞きしたためだと報告している。

テレビはまた、注意力を持続できる時間と集中力にも悪影響を及ぼす。どちらも実行機能に欠かせない能力だ。

3歳未満の幼児がテレビを見る時間が1時間増えるにつれ、7歳を迎える頃に注意力に関する問題が生じるリスクが10％増加する。つまり、**1日に3時間テレビを見る未就学児は、まったくテレビを見ない子に比べて、注意力に問題が生じる可能性が30％高くなるのだ。**

だれも見ていないのにテレビをつけたままにしておく――これを間接暴露という――だけでも、悪影響を及ぼすようだ。気が散るせいだろう。

1日に3時間、テレビを見ている幼児に、実験室で点滅する画像を見せ、低音で響きわたる音声を聞かせたところ、それまでどんな活動をしていたにせよ、子どもはつねに気を散らすようになった。

とりわけまだおむつをつけている幼児には、テレビがあまりにも悪影響を与えるため、米国小児科学会は次の提言を発表した。この提言は今日でも変わらず通用する。

2歳未満の乳幼児はテレビの視聴を避けるべきだと、小児科医は親を説得すべきである。テレビ番組のなかには、この年齢層を対象にしていると宣伝しているものもあるが、乳幼児の脳の発達に関する研究によれば、乳幼児には親やおもに世話をする人（保育者）との直接的な交流が必要不可欠だ。乳幼児はこうした交流を通じて、脳を健全に発達させ、社会性技能を身につけ、情動を適切に発達させ、認知能力を向上させていく。

現在、テレビが成績に及ぼす影響については研究がおこなわれていて、その中間報告によれば、**テレビは読解力と言語習得力の両方に悪影響を与えている**。だが2歳以降では、子どもの脳に及ぼす最悪の影響は、テレビが運動する機会を奪っていることかもしれない。

この問題については、ゲームに関する説明をする際、もう一度考えていこう。

赤ちゃん向けの番組は役に立たない

店頭には乳幼児向けの教育用DVDがずらりと並んでいるけれど、あれは役に立つのだろうか？

どの商品も、未就学児の認知機能を向上させると喧伝している。こうした謳い文句をワシントン大学の研究者グループが疑わしく思い、独自に調査を実施した。私はある晴れた日に――シアトルではめずらしい――その研究結果の一連のプレスリリースを読んだときのことをよく覚えている。思わず声をあげて笑い、その後、しごく神妙な気持ちになったものだ。

なんと、われらが大学の学長のもとに、ウォルト・ディズニー・カンパニーの会長からじきじきに電話がかかってきたという。この研究がお気に召さなかったらしい。ワシントン大学の研究者たちは、乳幼児を対象にした知育DVDシリーズ「ベイビー・アインシュタイン」に関する実験の論文を発表したばかりで、その結果はディズニー・カンパニーにとってきわめて不利だったのだ。

ここまで本書を読んでこられたみなさんは、その内容にもう驚かないかもしれない。**知育DVDには、なんの効果も見られなかったのだ**。製品が対象年齢としている17か月から24か月の幼児にこのDVDを見せたところ、語彙力にはいっさい変化が見られなかった。**それどころか、害まで与えていた**。1日に1時間、乳幼児向けのDVDやビデオを見てすごした場合、いっさい見ていない赤ちゃんに比べて、理解できる単語の数が平均6語から8語、少なかったのである。

ディズニー・カンパニーは、この研究に欠陥があるとして、論文の撤回を求めた。そして研究者たちと協議したものの、大学側は主張を曲げず、この件をプレスリリースで公表した。

当初は騒ぎたてたディズニー側も、その後は沈黙を守った。そして2年後の2009年10月、ディズニー・カンパニーは製品のリコールを実施すると発表。「ベイビー・アインシュタイン」製品を購入した消費者には払い戻しを申しでた。そして責任をもって、製品パッケージから「知育《エデュケーショナル》」という単語を消したのである。

5歳以降の影響

とはいえ、テレビに関する研究が実施された結果、テレビのなにもかもが悪影響を及ぼすわけではないこともわかってきた。テレビ番組の内容や視聴する子どもの年齢でその影響は変わるし、さらには子どもの遺伝形質までかかわっているからだ。

2歳になるまでは、テレビはまったく見せないのがいちばんだ。ところが**5歳以降に関しては、この難問に対する結論はまだでていない**——それどころか、いい影響があるという説もある。5歳以降の場合、実際に脳の機能を向上させる番組もあるというのだ。

意外な話ではないが、そうした番組は双方向《インタラクティブ》のタイプである例が多い。というわけで、テレビを見る時間には制限を設けるべきだというのが圧倒的多数の結論ではあるものの、だからといって、テレビのなにもかもが悪いと決めつけることはできない。次に、データが示すテレビ視聴の心得をいくつか挙げておこう。

●子どもが2歳になるまでは、テレビは消しておく。

ちょっと気分転換したい親にとって、これが酷なアドバイスであることは重々承知している。

だから、どうしてもテレビを消せないのであれば――テレビのほかにも息抜きに利用できるSNSの環境をまだととのえていないのなら――せめてお子さんがテレビを見る時間に制限を設けよう。

●2歳以降は、子どもが見る番組（テレビ以外の媒体も含む）を選ぶ際に、親が手助けをする。知能を使って双方向のやりとりができるメディアにも目を向けてみよう。

●選んだテレビ番組を子どもと一緒に見る。または双方向のやりとりができるメディアを利用し、子どもがいま経験していることを分析して明確に考えられるよう、力を貸す。

ただし、子ども部屋にテレビを置くのはやめるべきだ。自分専用のテレビをもっている子どもは、家族が集まる部屋にテレビを置いてある家庭の子どもと比べて、算数や言語技術《ランゲージアーツ》のテストの点数が平均8点低い。

ゲーム――座りっぱなしはダメ

最初に、告白しておく。私は往年のパソコンゲーム〈ミスト〉の大ファンだ。

私は科学者になる前、グラフィックアーティストだったし、プロのアニメーターでもあった。そして〈ミスト〉に一目惚れした。

私はこのゲームにすっかりハマっていた。だが、これは科学者にとっては危険きわまりない。とくに、これから私はゲームについて意見を述べようとしているのだから。

だが幸い、世間には客観的な視点をもつ科学者が報告した論文がたくさんある。

では、発達途上にある赤ちゃんの脳とゲームの関係について、論文はなにを示しているのだろう？

あまり多くの結論はでていないし、その結論も複雑をきわめている。無理もない。このテーマはまだ新しいうえ、ゲームの基盤となるテクノロジーが猛烈なスピードで進化を続けているからだ。そういうわけで、新生児とよちよち歩きのお子さんをもつ親がゲームについて知っておくべきことは、ゲームが頭脳に及ぼす作用ではなく、ゲームが身体に及ぼす作用に関するデータから判明した事実だ。

テレビと同様、大半のゲームはじっと座った状態でおこなう。いったんゲームを始めたら、座ったきりになるのだ。

子どもの体重はいまでも急増を続けている。子どもの体重増加の傾向はとどまるところを知らず、いまでは中年期や高齢期によく見られる疾患――関節炎まで！――に、子どもが苦しむようになっている。

小児肥満は、ゲームをしない子どもより、ゲームをする子どもに3倍も多く見られている。

脳は運動が大好き

小児肥満の増加は、脳科学界においては悲報である。運動と頭脳の明晰さには関係があることを、脳科学者たちは熟知しているからだ。

運動——とりわけ有酸素運動——は脳にきわめていい効果を及ぼし、実行機能のスコアを50%から100%ほど上昇させる。これは幼児からすでに退職した人たちまで、どの世代にもあてはまる。

筋トレをおこなう理由はほかにも数々あるけれど、これほどめざましい効果が得られている理由はない。

親が子どもにせっせと運動させるスケジュールを組んでおけば、のちのち、子どもは運動を欠かさずおこなうようになりやすく、生涯、その習慣を続けやすくなる。

活発な子どもは座りがちな生活を送っている対照群と比較して、実行機能のテストで高

いスコアを獲得し、運動を続けているかぎり、そのスコアは高いままだ。

ちなみに最高の結果が生じるのは、親が子どもと一緒に運動をした場合だ。「延滞模倣」という用語を覚えている方には、その理由がよくおわかりだろう。

だから「活動的なライフスタイルを送りなさい」と、子どもを励まそう。それが、親がわが子に贈れる最高のプレゼントのひとつだ。

デジタルがはばむ「人間関係」

ではインターネットやデジタルコミュニケーションのツールを使うと、どんな影響が及ぶのだろう？　ここでもまた、参考にできるデータはきわめて少ない。だが、ごくわずかな研究結果からは懸念すべき理由が見てとれる。

２００８年、子どもは１か月に平均２２７２回、テキストメッセージを送受信していて、その回数は１日あたり約80回に及ぶ。２００９年には、子どもが接する言葉の27％はデジタルツールを経由したものになっていた。

それのどこが悪いのかって？　どこが悪いのか、その答えはまだ明確にはわかっていない。ただ言えるのは、インターネットメディアの特徴に関係があるということだ。

インターネットメディアがうながすのは個人消費だ。すると、奇妙な状況が生みだされる。仲間が集まって一緒にいるときでさえ、互いが遠く隔たっているような状況が生まれるのだ。

●「直接的な交流をしてきたか」が将来を決める

言葉を使わないでコミュニケーションをはかる能力を身につけるには、何年もかけて練習を積まなければならない。そして前章で述べたように、子どもたちにはそうした練習を積むことが欠かせない。

現実世界での経験は、ネット上の世界よりずっと厄介であるうえ、匿名など通用しない。思いだしてもらいたい。結婚生活から職場まで、対立が生じる最大の原因は、自分の頭のなかで認識する情報と、外から得る情報のあいだに「認知の非対称」が生じるためであることを。

「認知の非対称」の大半は、言葉を使わない情報、つまり身ぶりや表情といったシグナルを正しく解釈すれば防ぐことができる。だが、そうした訓練を積まなくなるほど人とのかかわりが苦手になり、その結果、将来の離婚率の上昇から職場での生産性の低下まで、さまざまな面に悪影響が及ぶのだ。

だから、デジタルだけの世界には健全な疑念をもつほうがいい。いまみなさんにお伝えできる最善のアドバイスは、「デジタル機器類はできるだけ長く電源をオフにしておくほうがいい」ということだ。

よきにつけ悪しきにつけ、私たちは社会的動物だ。そうあることが、おそらくDNAに組み込まれているのだろう。なにもセオドア・ルーズヴェルトより前の時代の偉人にまで目を向けなくても、子どもが将来、成功をおさめるための第一の具材が「人間関係」であることはよくわかる。

テクノロジー漬けになっている文化を支持する人は、「研究者たちは歴史の流れに逆行している」と安易に非難するかもしれない。だが研究者の立場から言わせてもらえば、そうしたテクノロジー文化のほうが本来の人間性の流れに逆行しているのではないだろうか。

「おたくの赤ちゃんより、うちの子のほうがすごい」

飛行機が離陸するのを待っているときのこと。携帯電話で話す声が聞こえてきた。

「ステファニーはもう歩いた？　まだなの？　ブランドンは9か月の頃には、もう歩いてたわよ！」

しばらくすると、こんどは「ステファニーはまだおむつをつけてるの？　ブランドンは2歳になる前からトイレの練習をしてたわよ！」という声が聞こえてきた。

その後も、「スーパー赤ちゃん」のブランドンがなしとげた偉業の数々を「あわれな」ステファニーと比較する会話が延々と続いた。

このように赤ちゃんを比較して張りあいたがる人たちの話は、どこに行っても聞こえてくる。**これは過干渉の子育て、つまり「ハイパーペアレンティング」の特徴のひとつで、お子さんを聡明に育てたいのであれば、制限しなければならない**。

電話を切ったとき、ステファニーの母親はどんな気持ちになっているだろう？　怒っている？　当惑している？　それとも、幼いわが子の発達のスピードを上げるべく買い物にでかけて、知育玩具を買いあさる？　それとも、ただ涙を流して泣くかもしれない。正当な理由などどこにもないのに。

こんなふうに子どもを張りあわせるのは、逆効果（子どもの脳に有害になりかねないプレッシャーをかける）になるだけではなく、現在の神経科学界の見地から大きくはずれている。

脳が発達するスピードは人それぞれ

人間一人ひとりに個性があるように、脳は独自のスケジュールに従って発達する。子どもたちは未来に向かう道を進むとき、まったく同じ発達過程をたどるわけではない。4歳で算数の神童と言われた子どもが、9歳のときにもまだ算数の神童であるとはかぎらない。アインシュタインはこのうえなく聡明な人物といえるだろうが、3歳になるまで完全な文章を話さなかったと伝えられている（家族からは「のろまちゃん」と呼ばれていたそうだ！）。

こうした個性はある程度は遺伝的なものだが、ニューロンが外部の環境にきわめて敏感なせいでもある。ニューロンは簡単に新しいつながりをつくったり、すでにあるつながりを遮断したりする。これは「神経可塑性」として知られる性質だ。

どうやら、脳も「発達段階」のような段階を踏んで発達するようだ。その段階とはどういうものかに関しては、脳科学界においてまだ意見が一致していない。

ところが、親のなかには「子どもの脳はオリンピックのレースを駆け抜けるように発達していく」と考えている人がいる。だからどんな段階であろうと、わが子に一等賞をとらせたいと願う。いくら犠牲を払おうと、わが子を勝たせたいのだ。

そうした考えにとりつかれた親が子どもに及ぼす悪影響は、とくに大学受験の場で如実にあらわれる。私はたいてい大学院生を相手に講義をおこなっているのだが、ときどき、医学部への進学をめざしている学生の指導にもあたる。当の学生たちは医学部進学で頭がいっぱいで、ほかのことにほとんど関心を見せない。そうした学生に話を聞くと、多くの場合、子どもの進路にあれこれ口をだす親から英才教育を受けてきたことがわかる。子どもは「人間」として見られるのではなく、親の「勲章」と見なされてきたのだ。

こうした過干渉の子育て、つまり「ハイパーペアレンティング」は研究の対象となってきた。発達心理学者で、現在はタフツ大学の名誉教授であるデイヴィッド・エルカインドは、親を四つのタイプに分類した。

●美食家型

親が世俗的な成功をおさめていて、わが子にも同じように立身出世してほしいと思っている。

●学歴型

昔ながらの「早期教育」を信奉している。「美食家型」と似ているところもあるが、とにかくできるだけ早い時期から子どもを教育すべきだと思い込んでいる。

●訓練型

世の中には危険が満ちているので、子どもには肉体を鍛え、サバイバル技術を身につけてほしいと思っている。親本人が軍や警察関係の仕事をしている場合も多い。

●神童型

経済的には成功をおさめているのだが、既存の教育制度に深い不信感をもっている。学校教育の悪影響からわが子を守りたいと思っている。

どのタイプであろうと過干渉の親は、子どもの幸せを犠牲にしてまでも学業で成功させたいと思いがちだ。実際のデータはなかなか入手できないが、韓国の高校生に関するデータには注意を向けるべきだろう。韓国の高校生は大学修学能力試験で高得点をめざさなければならず、親から強いプレッシャーを受けやすい。韓国の15歳から19歳の若者の死因は、交通事故に次いで自殺が多い。

親が勉強のことで子どもを追い込んでしまう理由はよくわかる。競争社会における勝者は、いちばん頭がいい者になりつつあり、愛情豊かな親が子どもの知能を気にかけるのは反射的な反応といえる。でも、こっそり教えてさしあげよう。「勉強しろ」「いい大学に入れ」と子どもに極端なプレッシャーをかけるのは、逆効果となることを。

事実、ハイパーペアレンティングはお子さんの知能の発達を次のようなかたちで妨げるおそれがある。

1. 過度な期待は高次思考力の発達を妨げる

子どもは親の期待に敏感だ。幼児は親をよろこばせたい、満足させたいとうずうずしている。ところが成長すると、こんどは反抗したくてたまらなくなる。

だから幼児が、まだ自分の脳にはその準備ができていないのに、とんでもない知能の離れ業を親から期待されていると察すれば、当然、窮地に追い込まれる。すると**脳は強制的に「低次思考」のレベルへと思考力を戻し、その場ではわかったようなふりをするけれど、あとになってみれば結局は身についていないという結果を招くことになる。**

ある夜の集まりの席で、私はこの実例を目の当たりにした。ある親がいかにも自慢げに、うちの2歳の子は掛け算を理解しているとうそぶいた。そして2歳児に九九を暗唱させた。

けれど、私がちょっとさぐりをいれてみたところ、その子が掛け算の意味をまったく理解しておらず、ただ暗記した内容を意味もわからず繰り返していることがわかった。

エルカインドは親がこのように子どもに強制的に学習させる手法を軽蔑し、ひとつの芸当しかできない子馬にたとえて「ポニートリック」と呼び、子どもに無理矢理なにかを仕込んで見世物にしてはならないと警告した。まったくの同感だ。

2.プレッシャーをかけられると、子どもは好奇心を失う

子どもは生まれながらの冒険家だ。

ところが親が教育一辺倒となり、厳しい指導ばかりしていると、子どもの好奇心は妥協へとかたちを変えてしまう。

「これっておもしろいかな？　どうなっているのかな？」と、好奇心をかきたてるような自問を重ねるのをやめ、「どうすれば権力者を満足させられるだろう？」と妥協するようになるのだ。探検をしたいと思っても、そうした行動を褒められることがなければ、やがて探求心は萎えていく。

思いだしてもらいたい。脳が「生き延びる」ための器官であることを。

親が子どもに与えられるもっとも重要なものは、安全な暮らし（この場合は、子どもの存

在を丸ごと認めること）である。

3．親が子どもに怒ったり、失望したりしていると、有害なストレスを生む

そのちっちゃい脳ではまだできないことを、親が無理にやらせるのも、子どもの発達に害を及ぼす。

「これをしろ」「あれをしろ」と無理強いしたあげく、子どもがその過大な期待に応えられないと、口うるさい親は失望したり、不機嫌になったり、怒りをあらわにしたりする。ところが、信じられないほど幼い頃から、子どもは親のそうした反応を敏感に察知する。そして、なんとしても親を失望させたり、怒らせたりしたくないと思うようになる。

すると、子どもは「自分の力ではコントロールできない」と思うようになる。そうなれば心理学用語で「学習性無力感」の状態におちいり、子どもの脳に害が及ぶ。自分に向けられるネガティブな刺激（親の怒りや落胆）やその原因を、自力ではコントロールできないと思い込むようになるのだ。

想像してもらいたい。ある小学3年生の男の子が、毎日、学校から自宅に戻ると、父親が泥酔しているところを。そして父親から殴られるところを。男の子には家庭があるべきなのに、その家庭そのものが地獄になっている。すると、子どもは「自分に逃げ道はな

い」と思い込むようになる。そしてのちに逃げ道が見つかったとしても、もう逃げだそうとはしなくなる。だからこそ、この心理状態は「学習性」無力感と呼ばれているのだ。この心理状態におちいらせるために、なにも身体的な虐待をおこなう必要はない。

学習性無力感は、たとえ子どもであろうと、うつ病の引き金となる。私は自殺したある大学院生の親を知っている。両親ともに典型的な口うるさいタイプで、ずうずうしく、率直に言って感じが悪かった。うつ病には複雑な背景があるけれど、その大学院生の遺書を読んだところ、彼が思い詰めたすえにとったその行動の一因は「親の期待に懸命に応えようとしたものの、それに失敗したためだ」と、心情が綴られていた。

わが子をこの世に迎えいれる前に、これだけは胸に刻んでもらいたい。

子育ては競争ではない。
子どもはおとなの成功の代用品ではない。

思わず競争したくなるかもしれないが、そのストレスはお子さんの脳の配線に害を及ぼす。わが子を友人の子どもといくら比べたところで、お子さんもあなたも、望みの場所に到達することはできない。

わが子の脳の力を最大限に発揮させたいのなら、すばらしい方法がいくらでもある。

母乳で育てたあとは、オープンエンド型の遊びをたくさんさせよう。

そして言葉を使ったやりとりをふんだんにして、「がんばったこと」を褒めよう。そうすれば、あなたのお子さんが何歳であろうと、知能を伸ばす肥料を脳に与えられる。どれもシンプルな手法で、どこにも凝ったところはない。なにしろインターネットが出現する前どころか、氷河時代の前から、脳はこうした手法で知能を発達させ、着実に前進を続けてきたのだから。

キーポイント

- なるべく1年間は母乳で育てる。
- あなたの目に見えるものすべてを説明する。
- 1．赤ちゃんにたくさん話しかけよう。
  2．乳幼児のあいだは、歌うような話し方「親語《ペアレンティーズ》」で話しかけよう。
- 自由な発想で遊ばせる。
- ごっこ遊びをする。
- 過干渉の育児はしない。
- 親は自分の日頃のふるまいを厳しく検証する。
- 「よくがんばったね」と努力を褒める。

第5章

幸せな子がもつ才能

子どもの幸福感を左右する「気質」

この愛くるしい、穏やかな赤ちゃんに、あなたがしたことはひとつだけ。ただベビーベッドに新しいおもちゃを置いたのだ。

ところが赤ちゃんは、お気に入りのおもちゃをとりあげられたかのような反応を示す。あなたのほうをさっと見あげたとたんに、顔をゆがめる。突風が湧きおこるかのように、赤ちゃんのなかでストレスがむくむくと高まる。そして大型ハリケーンのような猛威で泣きはじめ、この世の終わりといった形相で手足をバタバタさせ、身体をそり返らせる。

この赤ちゃんは新たな経験をするたびに、いつだってこんな反応を見せるのだ――聞き慣れない声、妙なにおい、大きな音。それほどまでに敏感で、「ふつう」の状態に邪魔が入ると、身を引き裂かれるような思いを味わう。

さて、こんどは茶色のロングヘアの15歳くらいの少女が、学校生活や課外活動について質問されている。質問に答えようとしている少女のようすを見て、あなたはどこかおかしいと思う。そして、ハタと思いあたる。

あの赤ちゃんみたいに、いかにも不安そうな表情を浮かべているのだ！

ずっともじもじと身体を動かしている。膝を揺すったり、髪をいじったり、耳にさわったりしている。そして何度も言葉に詰まりながら、ぼそぼそと話す。

「学校から家に帰ってからは、とくになにかをしてるわけじゃないけど、ピアノを弾いたり、ちょっと文章を書いたりしています」と、少女は言う。すると研究者が、なにか心配事はありますかと尋ねる。すると少女はしばらくためらったあと、涙をこらえ、思いのたけを一気に話しはじめる。

「とにかく、すごく不安なんです。とくに、まわりのみんなには自分のすることがわかっているときには。あたしはいつだって迷ってる。あっちに行くべき？　それとも、こっちに行くべき？　自分がだれかの邪魔をしていないか、不安なんです」

そこまで言うと、少女は涙を流しはじめた。

「おとなになったら、社会でどうやって生きていけばいいんでしょう？　なにかほんとうに意味のあることが自分にできるのかどうか、不安でたまらないんです」

感情のたかぶりがおさまると、少女はうなだれ、打ちひしがれた。

「そんな不安が頭のなかから消えなくて」と、聞きとれないほど小さな声で話を終えた。

少女の気質は間違えようがない。彼女はあの赤ちゃんなのだ――15年後の。

そして、あきらかに幸せな子どもではない。

研究者たちは、彼女に〈ベビー19〉と名づけた。

この〈ベビー19〉は、発達心理学の世界ではよく知られた存在となっている。心理学者のジェローム・ケーガンは、彼女や彼女のような人たちを対象に研究を実施し、最終的に子どもがどの程度幸せになるかを決めるうえで、「気質」が大きな役割をはたすことに気づいた。

本章では、なぜ〈ベビー19〉のような子どもがいるのか、そして、なぜほかの子どもたちは幸せでいられるのかを説明していく（事実、大半の子どもは〈ベビー19〉とは正反対で、ケーガンの研究において〈ベビー1〉から〈ベビー18〉は〈ベビー19〉と比べてきわめて明るく、楽しそうだった）。

また、子どもが幸福感を覚える生物学的な基盤、不安感が強い赤ちゃんが生まれる可能性、幸福感を覚えるのは遺伝子と関係があるのか否かという問題、そして幸せな人生を送る秘訣についても説明していく。

幸せってなんだろう？

育児の最大の目標は、わが子に幸せになってもらうことです。そう語る親のなんと多いことか。

それは正確にはどういう意味なんです？　私がそう尋ねると、返ってくる答えはじつにさまざまだ。

幸福を感じる気持ちのことです、と答える人もいる。前向きに生きてほしいと考えているのだ。

子どもには落ち着いた状態でいてほしいんです、と願う親もいる。満足し、感情を安定させて生きてほしいと考えているのだ。

また、わが子には安全に暮らしてもらいたい、道徳心をたいせつにしてほしいと願う親もいる。

いい仕事に就き、いい結婚をしてほしい、「立派」になってほしいと願う親もいる。

このようにいくつか例を挙げてみても、大半の親には、「幸せになる」とはなにを意味するのかが明確にわかっていない。

科学者も同様だ。その答えを知ろうと、長年、研究に取り組んできた研究者がいる。ハーバード大学のダニエル・ギルバートは、いたずら好きの陽気な妖精といった風貌の心理学者だ。もちろん、幸福にはさまざまな定義があるけれど、ギルバートは幸福には次の三つの要素があると考えた。

●気持ちのうえでの幸せ

「幸せとはなんですか」と、私が質問した親の大半は、この意味で幸せをとらえていた。ギルバートによれば、このタイプの幸福は「気持ち、経験、主観的な心理状態」を指し、物質世界における具体的なものを指すわけではない。あなたのお子さんは青色を見てよろこび、映画に感動し、グランドキャニオンに胸をときめかせ、コップ一杯の牛乳に満足するのだ。

●道徳心による幸せ

美徳や道徳心による幸福は、本人の主観で感じるものではなく、いわば哲学的思考を続けている状態を指す。あなたのお子さんが善良でまっとうな生活を送り、モラルを重んじていれば、深く満ち足りることができるだろう。ギルバートはこの考え方を表現するにあたり、ギリシア語の「エウダイモニア」という言葉を使っている。アリストテレスの翻訳によれば「よきことをして、よく生きる」という意味だ。エウダイモニアの本来の意味は、「よき守護神に守られている」状態を指す。

●自分で判断して決める幸せ

この場合、「幸せ」の言葉の前に「〇〇する」とか「〇〇のことを思う」という説明がつく。たとえば、あなたのお子さんは「公園に行く」と幸せになるのかもしれない。あるいは、犬を飼いはじめた「友だちのことを思う」と幸せな気持ちになるのかもしれない。これには一時的に幸せを感じる感情ではなく、当人のものの見方、世界観がかかわってくる。過去、現在、未来において、当人が楽しい気持ちになれるかどうか、その気持ちのあり方で左右されるのだ。

以上、三つのタイプのいずれにあてはまるにせよ、そもそも「幸せ」とはどこから生じるのだろう?

幸せのおもな要因は、現代アメリカ科学史上最古の、かつ現在も進行中の研究によって発見された。

たいせつなのはよい「人間関係」

この研究プロジェクトを統括した心理学者の名前はジョージ・ヴァイラント。彼はこの研究の責任者にふさわしい人物だ。

1937年以来、「ハーバード成人発達研究」にかかわってきた研究者たちは、数百人に及ぶ協力者の個人データを徹底的に集めてきた。このプロジェクトは「グラント・スタディ」の呼び名で通っていて、初期の研究に資金を出資した百貨店業界の実業家W・T・グラントにちなんでいる。

研究者たちが調査していたのは「幸福な人生を決める要因はあるのか」という問題だ。いったいなにが人々を幸せにしているのだろう？

ヴァイラントはこの研究プロジェクトの責任者を40年以上も務め、「グラント・スタディ」の番人を務めてきた大勢の科学者の掉尾《ちょうび》を飾っている。ヴァイラントは心理学者として職業上、この問題に関心を寄せているだけではなかった。本人が認めているように、彼自身、子どもとの関係を「断ち切られた」親だった。複数回結婚し、5人の子どもがいるが、ひとりは自閉症で、残りの4人は彼とはほとんど話をしない。ヴァイラントが10歳のときに父親は自殺していて、彼は見本にすべき幸福な親子関係をほとんど体験していなかった。

だからこそ、ヴァイラントは幸福に関する研究の統括者として最適だったのである。プロジェクトを立ちあげた科学者たち——すでに全員が逝去している——は、当時、調査のために268人のハーバードの大学生に協力を依頼した。全員が白人男性で、精神的に安定していると思われた。なかには将来、輝かしい成功をおさめる者もいた——ワシントン・ポスト紙で長年編集者を務めることになるベン・ブラッドリー、アメリカ合衆国大統領に就任するジョン・F・ケネディなど、錚々たる顔ぶれもあった。

いっぽう研究者側は、心理学者、人類学者、ソーシャルワーカー、さらには生理学者までを含む専門家チームが集結して詳細な調査を開始し、協力者たちの人生をいわばテーブルに広げた。そして実際に研究者たちは、彼らの人生を調べあげたのである。

当初の調査の徹底ぶりは国土安全保障省もうらやむほどで、協力者は5年おきに徹底的な身体検査や一連の心理テストを辛抱強く受け、15年おきに面談に応じ、1年おきに質問票に回答を記入した。これを4分の3世紀近く続けたのである。では、この長年の研究から、結局、どんなことがわかったのだろう？

よき人生の要因とはなんだったのか？　なにが私たちを一貫して幸せにするのだろう？

ヴァイラントは研究者たちを代表して、アトランティック誌のインタビューでこう述べている。

「人生においてほんとうにたいせつな唯一のこと。それは、他者との人間関係です」

75年近く調査を続けた結果、幸せな人生に唯一、一貫して見られたのは、往年の名画「素晴らしき哉《かな》、人生！」のメッセージそのものだった。

良好な友人関係、友人や家族を結ぶあの厄介な架け橋、そうしたものがあるかどうかが、人々の幸福を左右していたのである。

中年を迎える頃には、その人物が幸福であるかどうかを予測する唯一の要因は「良好な友人関係」になる。社会への適応と幸福の関係について研究を続けていたジョナサン・ハイトは「人間はある意味、蜂に似ている。どちらも強固な社会集団を形成して生きるように進化してきたからだ。そのため群れから離れてしまうと、うまく生活できない」と、述べている。

人間関係が親密であればあるほど、幸せになりやすい。

ヴァイラントの同僚は、幸せを感じている人たちのなかでも、幸福度の高い上位1割に入るためには、ある種の恋愛関係をもっている必要があることを示した。なかでも結婚は大きな要因だ。既婚の成人の約40％が「とても幸せ」だと表現したいっぽうで、一度も結婚していない人ではその割合が23％だった。

充実した人間関係のほかにも、幸福な人生によく見られる行動として、次のものが挙げられる。

- **利他主義の行為、つまり「人のためになる」ことを一貫しておこなっている。**
- **「感謝しているもののリスト」をつくり、ささやかな短期の幸福感を得ている。**
- **つねに「感謝する気持ち」を忘れず、その気持ちを育むことで、長期にわたる幸福感を得ている。**
- **愛する人と、新しくてめずらしい体験を共有している。**
- **愛する人に軽んじられたように感じたら、すぐに「寛容な許容反応」を示す。**

そんなこと、わかりきってるよ――自己啓発書や雑誌にも、よくそう書いてあるじゃないか。そう思われた方も、次の事実には驚かれるかもしれない。

なんと、「おカネ」はこのリストに入っていないのだ。

年間500万ドル稼ぐ人が感じている幸福度は年間10万ドル稼ぐ人と大差ないと、ジャーナル・オブ・ハピネス・スタディーズは報告している。おカネが幸福度を高めるのは年収5万ドル程度までで、そのラインを越えれば貧困から脱出できる。そして年収がそれ以上高くなり、裕福になったとしても、幸福度が高まるわけではない。

そう聞くとなんだかほっとするし、この情報は実用的でもある。だって、あなたのお子さんが大きくなったときに、最低5万ドルの年収が得られるように力を貸せば、それでいいのだから。

親が導いた人生に子どもが胸をときめかせて生きるためには、なにも億万長者になる必要はない。衣食住の基盤を確保できれば、あとは親しい友人や親戚が何人かいればいい。

わが子が友だちをつくる手助けをする方法

人間関係の重要性を示すこうした研究結果は、幸せな子どもの育て方をシンプルに教えている。

わが子に幸せになってもらいたいのなら、人とのつきあい方——友だちのつくり方、友

だちとずっと仲よくする方法――を教える必要があるのだ。

社交性のある子どもを育てるには、例によって多くの具材が必要となる。その具材を全部投入しようとすると、鍋からあふれてしまうほどだ。

だからここでは神経科学のエビデンスに基づいた、もっとも信頼の置ける手法を二つ紹介しよう。これらはまた、社交性をもっとも伸ばせる具材でもある。

●感情のコントロール
●おなじみの「共感」

まず、「感情のコントロール」から見ていこう。

感情をコントロールできる人が幸せになる

数百万ドルもの大金をつぎ込み、数十年にもわたって研究を続けてきた結果、科学者たちはひとつの衝撃的な事実を発見した。

私たちは一緒にいて気持ちのいい相手と、長期間、親密な関係を続ける傾向があるというのだ。

うちの母の言うとおりだ。思いやりがあって、やさしくて、よく気がついて、自分以外のことに関心をもち、協調性があって、寛大な人は、むっつりしていて、衝動的で、無礼で、自己中心的で、融通がきかず、執念深い人よりも、友情が長続きして――離婚率も低い。

こうした傾向からもわかるように、人間関係がうまくいかないと、メンタルヘルスにも大きな影響が及ぶ。友人が少なくなるだけではなく、うつ病や不安障害に罹患するリスクが高まるのだ。「グラント・スタディ」の調査結果と一致するように、負の感情が多い人は世界でもっとも幸福度の低い人になりやすい。

「感情《エモーション》」とは？

では、そもそも感情とは正確になにを指すのだろう？

この問題については、研究者がさまざまな議論を重ねてきた。その一因は、脳のなかで感情がどう生まれているかが、はっきりとはわかっていないからだ。

私たちはよく、微積分の問題を解くときに活用する論理的思考と、イライラしていたり、幸せだったりするときのふわふわした感情とを区別して考える。ところが、脳を構築している配線図を見てみると、そうした区別はぼやけている。感情を生みだし処理する領域と、分析的思考を生みだし処理する領域が、複雑に混じりあっているからだ。

複雑なニューロンのネットワークが電気信号をパチパチと活発に送りあいながら、きわめて順応性の高い神経回路をつくりあげている。そのようすをいくら眺めても、感情の領域と分析の領域を区別することはできない。

よって、感情とは「なにか」を考えるのではなく、感情が「すること」に着目するほうがいい。これがわかれば、感情をコントロールする——健全な友情を維持する方策のひとつ——ための戦略を練ることができる。

感情にタグをつける——脳に貼る付箋

読者のみなさんは、感情《エモーション》と気持ち《フィーリング》を同じものだと考えているかもしれないが、脳にとっては同じではない。教科書のように説明すれば、「感情」とは脳が神経回路を作動させ、認識した世界を二つのカテゴリーに分けて、優先順位をつけることを指す。

つまり、「注意を払うべきこと」と「おそらく安心なので無視していいこと」を区別するのだ。

いっぽう「気持ち」とは、こうした脳の活性化により生じた主観を指す。

私たちは周囲の世界をスキャンするとき、その後の処理のために特定のものにタグをつけ、ほかのものは放っておく。

つまり、感情とはタグなのだ。

べつの言い方をすれば、感情とは脳が注意を払うべきものに貼る付箋みたいなものだ。

では、この小さな認知の付箋を、私たちはどこに貼るのだろう？　脳は生き延びることに関する情報――脅威、性別、パターン（以前も見たことがあると考えたもの）――を見つけると、すぐに付箋を貼る。持ち物すべてに付箋を貼る人などいないように、感情は五感が入手した情報に優先順位をつける役に立つ。

たとえば、こちらに銃口を向けて立っている犯罪者と、その足下の芝生の両方が目に入ったとしよう。この場合、感情は芝生に対しては反応を示さない。感情が反応を示すのは銃のほうだ。感情は生き延びるために、認知したものをフィルターにかける。こうして感情が力を発揮するからこそ、私たちは重要なものごとに注意を向け、決断をくだせるのだ。

そしてお察しのとおり、子どもの脳が発達し、感情をコントロールできるようになるまでには、だいぶ時間がかかる。

赤ちゃんがあんなに泣くワケ
——あなたに「タグ」をつけてもらいたいから

生後6か月を迎える頃、大半の赤ちゃんは驚く、不快になる、うれしくなる、悲しくなる、怒る、こわがるといった体験をする。ただ、感情のフィルターの数は少ない。だからこそ、数か月ものあいだしょっちゅう泣くのは、手っ取り早く付箋を自分に貼らせる手段なのだ。

親の注意をこちらに向けさせる手法は、無力な赤ちゃんが生き延びるうえで欠かせない。そのため赤ちゃんは、おびえたり、お腹がすいたり、びっくりしたり、過度な刺激を受けたり、さびしかったりすると、またはもろもろの理由で、泣き声をあげる。その結果、赤ちゃんはしょっちゅう泣いているというわけだ。

子どもはとまどいながら喜怒哀楽を学ぶ

赤ちゃんは話すことができない。

そのうち話すようになる――これもまた人間が長い時間をかけて達成する目標のひとつだ――けれど、言語を使わないコミュニケーションのシステムと言語を使うコミュニケーションのシステムは、赤ちゃんの脳のなかでは当分、接続しない。言葉を利用して感情に付箋をつける手法は、感情をコントロールするうえできわめて重要な戦略だけれど、赤ちゃんにはまだその能力がないのだ。

乳幼児のちっちゃい脳にはさまざまな感情が満ちているが、言語能力を身につけるまでは混乱することが多々ある。とりわけ、よちよち歩きを始めたばかりの頃は混乱をきわめることが多い。

幼児は自分が体験している感情を自覚していない。そうした感情を相手にきちんと伝えるための礼儀正しい方法も知らない。その結果、あなたの可愛いお子さんは、ほんとうは悲しいのに怒っているような行動をとったり、とくに理由もないのに不機嫌になったりするのだ。

ときにはひとつの出来事がきっかけとなって、さまざまな感情が引き起こされることもある。こうして一度に複数の感情に襲われ、それにともなって気分が変わると、大きな感情の波に圧倒されるうえ、自分にはコントロールできないように感じるので、子どもはますぎょっとしておびえる。

するといっそう、感情をコントロールできなくなるのだ。

いつかは、こうした状況が落ち着く。脳の感情を処理して制御する領域は力をあわせ、携帯電話でぺちゃくちゃおしゃべりしているティーンエージャーのように配線をつなげていく。困るのは、それが一気にできあがらないことだ。それどころか、神経の配線がすべて終わるのは、あなたのお子さんが大学の奨学金を申請する頃だ。長い時間はかかるけれど、このコミュニケーションの流れの確立は、きわめて重要だ。

この流れができあがると、感情のコントロールは次のようにおこなわれる。たとえば、あなたが友だちとミュージカル「レ・ミゼラブル」の観劇にでかけたとしよう。舞台では、例の力強く胸に訴えかけてくる（感傷的にすぎるという人もいるが）「彼を帰して」が朗々と歌われている。あなたには二つのことがわかっている。

(a)　自分は涙を流しはじめると、嗚咽を漏らしてしまう。
(b)　このシーンはマジで泣ける。

だが、この場で周囲の失笑を買うことだけは避けたい。そこであなたは状況をべつの角度から見て、必死で涙をこらえようとする。そして、なんとか涙を流さずにすむ。

このように、**自分の行動を自力でべつの方向に変えるのが「感情制御」**だ。

泣くこと自体にも、ほかの感情表現にも、べつに悪いところはないけれど、その場の状況によって、ふさわしい行動とふさわしくない行動があることを、あなたは理解している。

この感情制御がうまくできる人は、たいてい友だちが多い。だから、わが子に幸せになってほしいのであれば、こうしたフィルタリングをいつ、どのように実施すべきかを、たっぷりと時間を割いて教えておこう。

脳のどこで感情は生じるのか

「光った！」と、少女が歓喜と恐怖がいりまじった声をあげた。

「うわ、ハサミがある！」と、少女の背後にいた少年が言った。

「それに、毒針も！」と、べつの少女が言った。

「うひょー、おまえの妹の鼻にそっくり！」と先ほどの少年が応じ、少女に小突かれた。

私は笑った。

子どもたちは博物館に社会見学にきていて、私はおしゃべりで元気いっぱいの小学3年生の一団に囲まれていた。ブラックライトに照らされ、光を放つサソリを見て、みんな畏敬の念に打たれている。

このコーナーの見所は、展示の手法だ。子どもたちの肩の上、ちょうど手が届かないあたりのところに、サソリが展示されているのだ。大型のサソリがぽつんと一匹、やはりぽつんと置かれた大型の金魚鉢のなかの岩の上に鎮座している。紫外線のライトで照らしだされたサソリは暗闇で光を放つ蜘蛛の王さながらだ。あるいは、あなたが脳科学者なら、脳のなかでもいちばん複雑な構造の部位に見えるかもしれない――感情を生みだし、処理する領域に。

ぜひ、想像してもらいたい。これと同じサソリがあなたの脳の真ん中にぶらさがっているところを。二つの半球をもつ脳は、その一部がつながっている二つの金魚鉢になぞらえることができる。

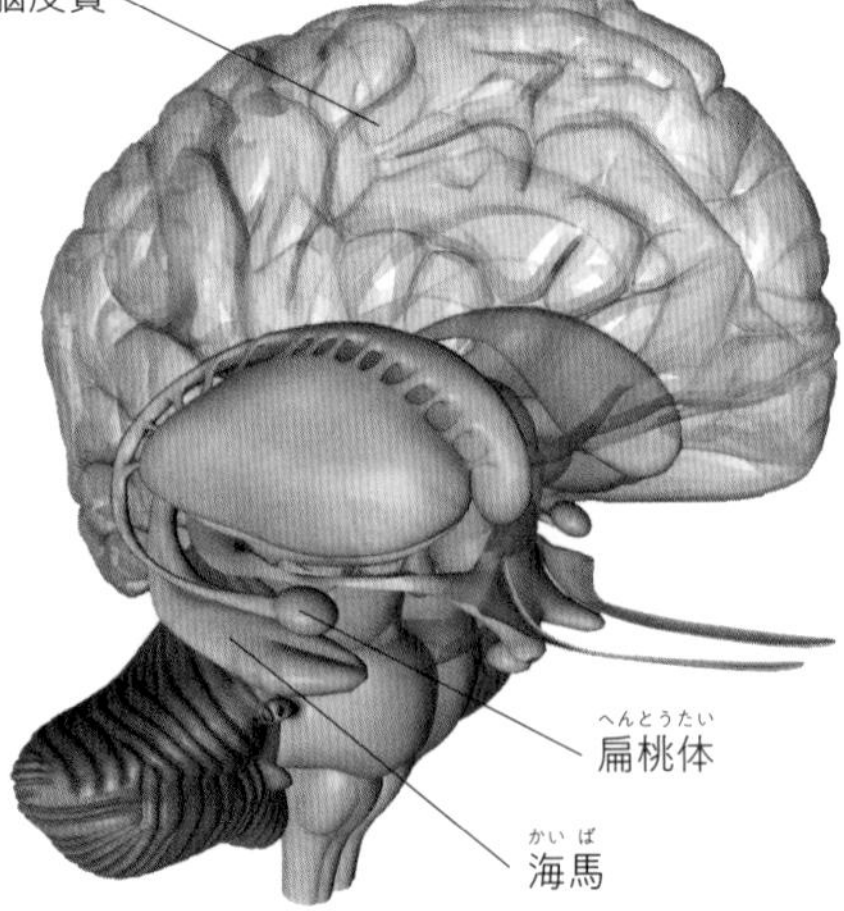

大脳皮質——知覚と思考

この一部がつながっている金魚鉢が大脳半球で、それぞれ右半球、左半球と理にかなった呼び名がついている。

それぞれの半球の表面はもちろんガラスではなく、ニューロンと分子でできた層構造になっている。この組織のいわば細胞でできた皮が大脳皮質だ。大脳皮質はほんの数細胞分の厚みしかなく、地球上のほかのどんな動物の大脳皮質にも似ていない。

この組織こそが、私たちを人間たらしめているのだ。その機能は多岐にわたり、大脳皮質があるからこそ、私たちは抽象的な思考（たとえば代数の計算）をすることができる。

また外部から五感を通じて入ってくる情報（たとえば古代の肉食獣サーベルタイガーの姿を

認める）の処理もおこなう。

でも、私たちは大脳皮質があるから代数の計算やサーベルタイガーに脅威を感じるわけではない。それは、例のサソリの仕事だ。

●扁桃体──感情と記憶

この蜘蛛のような脳の部位は、大脳辺縁系という領域の一部だ。辺縁系とは「境界」にあるシステムという意味だ。

サソリのハサミにあたる部位は、左右の半球のそれぞれにあって、扁桃体と呼ばれている。というのも、扁桃とは「アーモンド」の別称だからだ（扁桃体はアーモンドのようなかたちをしている）。

扁桃体には感情を生みだす役割があって、その感情の記憶を保存する。とはいえ、たとえあなたが実際に脳を観察できたとしても、このサソリのかたちの扁桃体を目にすることはないだろう。辺縁系の部位はほかの部位の奥にあるうえ、金魚鉢の表面からは1ミリごとに細胞の強靭な層がぶらさがっているからだ。

この扁桃体は大脳皮質につながっているだけではない。扁桃体は、心拍や肺を制御する領域や運動能力をコントロールする領域にもつながっている。

感情は脳のあちこちに散らばる細胞の群れに広くかかわっているのだ。

感情はどのように引き起こされるか

扁桃体の中央の領域は、脳の中心付近にある一回り小さい島皮質《とうひしつ》という部位と、強く太い経路でつながっている。これは重要な発見だ。

島皮質は扁桃体という仲間の力を借り、目、耳、鼻、指先など、全身の五感を通じて得た情報を、主観として、あるいは感情としてとらえる役に立っている。

どうしてそんなことができるのか？　これまでのところ、その理由はまったくわかっていない。わかっているのは、島皮質が温度、筋肉の緊張、かゆみ、くすぐったさ、快感、痛み、胃酸分泌、腸の張り、体内のほかの部分で感じた空腹感などの知覚を照合しているということだ。そして、そこからわかったことを、島皮質は扁桃体に伝える。

こうしたつながりは電話線のようなもので、島皮質は扁桃体——そして間接的には体内のいたるところ——に、脳のほかの部位が言っていることを聞かせる。この事実からも、感情の機能が脳のいたるところに分散していることが、あるいは少なくとも脳全体に情報を伝えていることがうかがえる。

扁桃体がどうやって感情を引き起こしているのか、そして、これほど多くのほかの神経の領域の支援をなぜ必要としているのか。その答えの大半はまだ謎のままだ。

わかっているのは、脳がこうした神経の配線にずいぶんと時間をかけていることだ——ときには数年かけることさえある。あなたもこれまでに、身勝手な少年が思慮深い青年へと変貌を遂げるのを見たことがあるかもしれない。そのためには、少しばかり時間がかかる場合もあるというわけだ。

共感——人間関係の接着剤

感情を制御する能力とともに、ほかの人の要望を察し、共感を示して応じる能力は、子どもの社交性を育むうえで大きな役割をはたす。

共感を示すからこそ、よき友人ができるのだ。そして共感するためには、ほかの人の心の内側をのぞき込む能力を伸ばさなければならない。

だから相手がどんな報酬を期待して、あるいは懲罰をおそれて行動を起こしているのかを正確に把握したうえで、やさしさと思いやりをもって接しよう。共感を外に示せば、人と人との絆が強くなり、長期間、安定した交流を続けられるようになる。

ある人間が、ほかの人間の心情を思いやり、心からうれしくなったり悲しくなったりすることを、建設的自発行動という。この行動には強い影響力があり、親と子どもだけではなく、夫婦の絆を強めることもできる。

第2章で、親になる過程で共感がはたす役割についてすでに説明した。あなたの結婚生活で、「建設的自発行動」と「対立する有害なやりとり」の割合が3対1であるのなら、まず、離婚の危機に直面することはない。最良の結婚生活におけるこの割合は、5対1である。

ミラーニューロン――他者の経験を感じる

共感を覚える背景には、神経生物学がある。

うちの次男が生まれて初めて注射を受けたときのことは、いまでもよく覚えている。幼いノアは、なにやらようすがおかしいと感づき、私の腕のなかでもぞもぞと身体をくねらせはじめた。初めて予防接種を受けにきたというのに、始まる前からもう気に入らないようす。これからの数分間は大騒ぎになるぞと、私は覚悟した。

医師がこの割のあわない仕事を遂行するあいだ、私はノアをぎゅっと押さえつけた。とはいえ、それほどの大仕事になるとは思えなかった。私は仕事柄、注射器をよく扱っている。研究でマウスに病原体を注射したり、ガラス管の電極で神経組織を刺激したり、試験管に染料を注入したりしているし、試験管をとらえそこない、自分の指に針を指してしまったこともあった。

それなのに、このときは平常心を保てなかった。まるで地獄から飛んできた金属製の蚊のように、注射針がそのちっちゃい腕に刺し込まれた。ノアは私の目をじっと見つめていたけれど、すぐ、その幼い顔に「話が違うじゃないか」という表情が浮かんだ。額にはセロファンのように皺が寄る。

そしてノアは吠えるようにわめきはじめた。声にこそださなかったけれど、私も同じように胸のうちで叫んだ。合理的な理由はどこにもないのに、自分に非があるような気がした。腕に痛みさえ覚えたほどだ。

ここで悪さをしたのは、私の脳だ。ノアが腕に痛みを感じるところを目の当たりにしたとたん、一部科学者の説によれば、私の腕に痛みを感じさせる能力を仲介するニューロンがふいに活性化したのだ。私が注射針を刺されているわけじゃないのに、脳はおかまいなしにその出来事を鏡《ミラー》で反射し、心からたいせつに思っている相手の痛みを私に感じさせたのだ。

この作用を起こすのが、いわゆる「ミラーニューロン」で、細胞の小惑星のように脳内に点在している。

他人がなんらかの経験をしているところを目撃すると、記憶のシステムと感情を処理する領域と力をあわせ、私たちはミラーニューロンを活性化させる。鏡のような性質をもつニューロンはさまざまなかたちで作用すると考えられている。

それはまるで他人の心理が経験していることが、直接、こちらの脳とつながっているようなものだ。**ミラーニューロンのはたらきにより、実際には体験していなくても、その行為を観察するだけで、自分もその行為を理解できるようになる。**

ずいぶん「共感」と似ているなと、思われたかもしれない。ミラーニューロンはまた、言語を使わないコミュニケーション——とくに表情——を解釈する能力や、他者の意向を理解する際にも深くかかわっている。

「共感力」には個人差がある

このたぐいの神経活動は簡単に測定できるため、「すべての子どもには共感する才能が同様にあるのか」という疑問に答えることができる。

その答えはなんと「ノー」だ。

おそらく読者のみなさんの知り合いにも、自然に共感を示すことができる人と、ほかの人の気持ちを察するのが苦手な人がいるはずだ。

そうした人は、生まれつきそうなのだろうか？　社会や文化の影響を切り離して考えるのはむずかしいけれど、やはり、こう言わざるをえない。

おそらく、生まれつき個人差があるのだ、と。

幸福や悲しみを感じやすくする遺伝子がある

では、幸福や悲しみを感じやすくする遺伝子はあるのだろうか。

二〇世紀の著名な心理学者のひとり、マーティン・セリグマンはそうした遺伝子があると考えている。セリグマンはストレスとうつ病の関係を見いだした初期の科学者のひとりだ。それ以前に彼は、犬にショックを与えつづけ、学習性無力感を覚える状態に導く実験をおこなっていた。おそらくは、これに対する科学界の反応が厳しかったため、その後、彼は方向転換をおこなった。

彼の研究の新たなテーマは「学習性楽観主義」だ。

だれもが「幸せを感じる範囲」をもっている

長年、楽観主義について研究を続けたセリグマンは、だれもが「幸せを感じる範囲」をもって生まれてくるという結論をだした。人は、ある種の範囲の行動をしていると幸福を感じるという説である。

この考え方はミネソタ大学の行動遺伝学者、故デヴィッド・リッケンの説を基盤に置いている。なかには幸福を感じる範囲が生まれつき広い子どもがいて、自分がどんな状況に置かれていようと、自然に幸福を感じることができる。いっぽう、幸福を感じる範囲が生まれつき狭い子どもは、どんな状況に置かれていようと、気を滅入らせやすい。どちらにもあてはまらない子どもは、幸せを感じる範囲が広くも狭くもなく、中間だ。

セリグマンが注意をうながしたのは、人間が継続して感じる幸福の度合いには、生まれつきの素質もかかわっていることだ。

セリグマンは人間の幸福度を測定する「幸福の公式」まで発案した。その公式では、幸福度はその人にあらかじめ設定されている幸せを感じる範囲、生活環境、そして自発的にコントロールできる要因を合計して決まる。

だが、セリグマンのこの説には異論もあった。なかでも「幸福の公式」には、厳しい批判の声があがった。たしかに「幸せを感じる範囲」の考え方には問題があることを示す数々のエビデンスがあるものの、今後、さらなる研究が必要だろう。そのうえ、いまのところ、「幸せを感じる範囲」のみにかかわる神経領域は見つかっていない。

それどころか、一般的な幸福感にかかわる領域も見つかっていない。分子レベルでは、研究者たちは「幸福」遺伝子も、幸せの範囲を調整する遺伝子も発見していない——が、研究はいまも続けられている。こうした遺伝子については、本章の終わりでくわしく見ていこう。

本章の冒頭で紹介した、打ちひしがれていた女の子、すなわち〈ベビー19〉に関する調査から始まる、こうした一連の研究は、**継続して幸福を感じる能力には遺伝子が大きな役割をはたしている**ことを示している。

気質は生まれつきのもの

数世紀も前から、子どもには生まれもった気質があることを、親たちは知っていた。

ジェローム・ケーガンは〈ベビー19〉に関する研究を続けた科学者であり、子どもには生まれもった気質があることを初めて証明した。

人間の気質とは複雑な多次元概念であることがわかったのだ——外部からの刺激に対して感情面と行動面でどのような反応をするかで変わってくるのだ。こうした反応の仕方には人それぞれの特徴があり、先天的に固定されている。それどころか、生まれた直後の新生児でも、そうした特徴を観察することができる。

気質と性格を混同する人は多いけれど、研究者の観点から見れば、両者は同じではない。実験心理学者たちはよく、次のように説明する。

行動が親や文化といった要因で決まるように、性格はもっと変わりやすい。性格は気質の影響を受ける。いわば気質が感情面と行動面での建築用ブロックの役割をはたし、その上に性格が構築されるのだ。

高反応VS.低反応

ケーガンはとりわけ、気質のある一面に関心をもっていた。赤ちゃんが新しい刺激を受けたときの反応の仕方だ。

大半の赤ちゃんは、新しい物がそばにきても落ち着いて受けいれ、新しいおもちゃを静かに見つめ、新たな情報に関心を示しつつ、注意を払っていた。

ところが、なかには神経質な赤ちゃんもいて、外部からの刺激に過敏に反応した。

ケーガンは、こうした敏感な赤ちゃんを何人か特定し、その後の成長を追いたいと考えた。そこで実験をおこなったところ、〈ベビー1〉から〈ベビー18〉までの赤ちゃんは、外部からの刺激に落ち着いた反応を示したため、「低反応」の気質をもっていると考えられた。

ところが、〈ベビー19〉はまったく異なる反応を示した。この女の子、そしてこの女の子と似たような反応を示した赤ちゃんは、「高反応」の気質の持ち主とされた。

ケーガンがそのもっとも有名な実験で発見したように、こうした行動はその後、時間をかけて観察しても安定して見られた。この研究は、ケーガンの引退後も続けられている

（同僚が引き継いだ）。実験には５００人の赤ちゃんが参加した。赤ちゃんたちはまず生後4か月の時点で、低反応または高反応に分類された。ケーガンはこの赤ちゃんたちを4歳、7歳、11歳、15歳のときに再調査した。15歳以降も調査を続けた例もあった。

高反応に分類された赤ちゃんは、対照群と比較して、4歳の時点で行動に内向的な特徴が見られたうえ、〈ベビー19〉の特徴にあてはまる行動をとっていた。

7歳を迎える頃、こうした子どもはなんらかのかたちで不安を覚えていて、対照群と比べてその比率は10％高かった。低反応から高反応へ、あるいは高反応から低反応へと、気質が変わった例はほとんどなかった。

４００人の子どもが参加したべつの調査では、5歳以降、行動の特徴に変化が見られたのは3％にすぎなかった。ケーガンはこれを「気質の長い影」と呼んでいる。

あなたの赤ちゃんは心配性？

私の友人の研究者には娘がふたりいて、いま6歳と9歳だ。このふたりの気質はケーガンの説にぴたりとあてはまる。

6歳のほうは「ミス・サンシャイン」と呼びたいほど明るくて、人見知りをせず、危ないことにもこわがらずに挑戦し、元気いっぱいで、自信に満ちている。知らない子どもたちが大勢いる遊び部屋にも臆することなく元気よく入っていき、一度にふたりの相手に話しかけ、室内にあるすべてのおもちゃに目を走らせ、お人形さんに狙いを定めたら、延々とお人形さんごっこを続ける。

いっぽう、姉は正反対。おどおどしていて慎重で、しばらく母親にくっついている。しぶしぶ母親から離れると、用心しながらそっと遊び部屋に入っていき、ほかの子どもがいない安全そうな隅っこを見つけると、そこに腰を下ろす。部屋のあちこちを探検しようとはせず、ほとんど話もしない。だれかに話しかけられると、おびえたような表情を浮かべる。友人の研究者は、みずからが〈ベビー19〉タイプの子をもっているのだ。

あなたにも、このタイプのお子さんができるのだろうか?

その確率は5人に1人だ。

ケーガンの研究によれば、高反応のタイプは被験者の約20％を占めている。だが、高反応だった赤ちゃんがおとなになってからどうなるかは、多くの要因に左右される。脳の配線は一人ひとり異なり、あらゆる脳の状態が同じ行動を引き起こすとはかぎらない。これは重要な点だ。それにくわえ、高反応、低反応はあくまでも気質の一面にすぎない。

研究者は、心配や不安のタイプから注意持続時間、社交性、活動レベル、身体機能の調節まで、あらゆる角度から調査をおこなっている。ケーガンが実施したような研究は、気質の傾向について述べているのであり、気質は運命で定められていると述べているわけではない。データは赤ちゃんが今後どうなるかを予測しているわけではないし、同様に、どうならないかを予測しているわけでもない。

とはいえ、高反応の赤ちゃんは、元気いっぱいで外向的かつ陽気な子どもや大胆な子どもには成長しないだろう。友人の長女が、次女のようになる可能性はないのだ。

●高反応タイプは成績がいい傾向がある

では、あなたの赤ちゃんが高反応のタイプだとしたら？

そうしたお子さんを育てるのは大変に思えるかもしれないけれど、明るい見通しもある。高反応の度合いが高い子どもは学校生活をなんとか切り抜けていくうちに学業で成功をおさめることに、ケーガンは気づいた。たとえ神経がとりわけ敏感でも、成績がいいのだ。

さらには、大勢の友人をつくった。薬物に手をだしたり、妊娠したり、無謀な運転をしたりする傾向は低かった。不安に駆られやすい気質であるため、不安を覚えそうな行動を避けるためではないかと考えられている。

ケーガンは生涯の研究を通じて、高反応タイプの人を研究チームに雇っていた。「高反応タイプの人材をいつもさがしています」と、彼はニューヨーク・タイムズ紙の取材で答えている。

「きまじめだからミスをしない。それにデータをコード化するときにも注意深いですから」と、ケーガンは語っている。

なぜ、ぐずりやすい赤ちゃんが、のちに親の期待に応えるようにして社交的になったり、いい成績をとったりするのだろう？

なぜなら、彼らは周囲の環境にきわめて敏感に反応するからだ——たとえ親に人生のレールを敷かれてきたことを、あとでぐちぐちと怒ったとしても。

親が積極的に子どもとかかわり、愛情をもって行動の見本を示せば、どんなに気むずかしい子どもでも立派に育つだろう。

ひとつの遺伝子で気質が決まるわけではない

気質は生まれつき決まっているうえ、時間が経過しても安定していることが、おわかり

Chapter 5

になったはずだ。

ということは、気質は遺伝子によって完全にコントロールされているのだろうか？

いや、そんなことはない。

第1章で、「氷雨《アイス・ストーム》」を経験した子どもたちについて説明したように、母親のストレスホルモンの分泌を増やせば、ストレスの多い赤ちゃんが生まれる――ただし、そこにDNAの二重らせんがかかわってくるわけではない。気質に遺伝子がかかわっているかどうかは、科学的な疑問ではあるけれど、科学的事実ではない。

幸い、研究は進んでいる。

双子を対象にした研究では、これまでのところ、**気質の原因となる遺伝子はひとつも示されていない**（遺伝子のはたらきを調べる研究はたいてい双子を対象にした調査で始まる。よく実施されるのが、出生直後に引き離され、異なる家庭で育てられた双子の研究だ）。

一卵性双生児の気質は、類似性、すなわち相関係数は約0・4。つまり、ある程度、遺伝子が関与していると思われるが、決定打とはいえない。二卵性双生児と、双子ではない兄弟姉妹の場合、相関係数は0・15から0・18であり、決定打である確率はさらに下がる。

とはいえ、発達心理学においてもっとも不可解な現象のひとつの説明に役立つと思われる遺伝子が、いくつか特定されている。その現象とは、立ちなおりの早い子どもの存在だ。

過酷な体験をした子どもが立派なおとなになる理由

世界でいちばん新しい国、南スーダンの内戦は「スーダンのロストボーイズ」と呼ばれる大勢の孤児を生みだした。彼らの存在は、南スーダンではごくありふれたものだ。内戦で過酷な体験をした家庭では、2万人もの幼い男の子たちが親と離れ離れになった。ときには、親がわが子を家から故意に放りだす例もあった。徴兵をおそれ、家をでていきなさいと息子にうながしたのだ。両親が殺害された子どももいた。

こうした子どもたちは支援をいっさい得られないまま、交戦地帯を何年もさまよいつづけた。大勢の子どもが命を落とした――病気、野生動物、犯罪の犠牲になったのだ。

そんな男の子が将来、修士号をとってミシガン州立大学を卒業したあと、南スーダンで診療所を開設するなどと、だれが想像するだろう。

だが、それこそジェイコブ・アテムに起こったことだ。

アテムは命からがら南スーダンを脱出してエチオピアに逃げ、そこからケニアの難民キャンプにたどりついた。15歳のときに「ロストボーイズ」のひとりとしてアメリカに移住した。のちに南スーダンに戻ったアテムは診療所を開設し、1日に100人もの患者の治療にあたっている。

激しい暴力が渦巻く世界で生き抜いたあと、アテムはどうしてこれほど力強く立ちなおることができたのだろう?

いったいなにが原動力となって、彼は打ちひしがれるのではなく、善のために力を尽くせるようになったのだろう?

「スーダンのロストボーイズ同盟」を立ちあげたジョーン・ヘクトには、ひとつの考えがあった。ニューヨーク・タイムズ紙のアテムに関する記事では、ヘクトの次の言葉が引用されている。

「彼のような人間は『内なる力、内なる信念、成功したいという内なる衝動』をもっていて、『一族の名に誇りと尊厳をもたらしたい』強い思いに突き動かされていた。こうした衝動が、アメリカという安全で居心地のいい場所を去り、母国に戻り、人々の力になりたいと、彼を突き動かしたのだ」

アテムのような人物を、どう説明すればいいのだろう？

率直にいえば、説明することはできない。

たしかに虐待を受け、重度の心的外傷に苦しむ子どもは大勢いる。とはいえ、虐待を受けた子どもが例外なく、そうしたトラウマに苦しむわけではない。アテムのような子どもは、自然を超越したかのような能力をもっていて、過酷な体験をしても立ちなおることができるのだ。

そのため、この回復力の秘密を突きとめるべく、生涯を捧げている研究者もいる。近年では遺伝学者たちもこの研究にくわわり、驚くべき事実をあきらかにし、今日の行動科学界の最先端を示している。

レジリエンス(回復力)の三つの遺伝子

人間の行動はほぼ例外なく、遺伝子が協力した数百ものチームワークに支配されている。とはいえ、そこはチームスポーツ、主役の選手もいれば、控えの選手もいる。

この研究はまだ予備段階にすぎないとはいえ、注目すべき遺伝子の有力選手が3人いる。この三つの遺伝子が、子どもの気質と性格の形成にかかわっているかもしれないのだ。

●スローなMAOA――トラウマの痛みをやわらげる

性的虐待を受けた子どもはアルコール依存症になるリスクがきわめて高い――科学界では何年も前からあきらかになっている事実だ。また、反社会性パーソナリティ障害という精神疾患に苦しむようになるリスクもきわめて高い。

ところがMAOA（モノアミン酸化酵素A）という遺伝子多様体をもっている場合、これはまったくあてはまらない。

MAOAには二つの型があり、片方は「遅い《スロー》」、もう片方は「速い《ファスト》」と呼ばれている。

「スロー」型をもっている場合、子ども時代の悪影響に対して驚くほどの免疫力がある。

いっぽう「ファスト」型をもっている場合は、典型的な苦境におちいる。トラウマとなっている記憶がよみがえると、海馬と扁桃体の一部にきわめて強い刺激が及ぶ。そして重度の苦痛を覚えると、バーボンのボトルに手を伸ばし、その苦痛をやわらげようとすることになりかねない。

いっぽう、「スロー」型の遺伝子は、トラウマによる苦しみを軽減することができる。

トラウマ自体を消すことはできなくても、ひりひりするほどの痛みを感じずにすむのだ。

●DRD4-7——不安感を寄せつけない

親から支援されなかった子どもや、冷たい態度しか示さない親に育てられた子どもは強い不安感を覚えやすく、必死になって親の注意を引こうとする場合がある。だが、そうした母親に育てられた子どもが全員、例外なく不安感を覚えやすいとはかぎらない。

オランダの研究者グループはその理由を調査し、DRD4（ドーパミンD4受容体）という遺伝子が深く関与していることを突きとめた。

この遺伝子は神経伝達物質ドーパミンを結びつけ、特定の生理作用を及ぼすことができる。子どもがDRD4－7をもっていると、不安感につきまとわれることはない。

いっぽう、この遺伝子多様体をもたない子どもには、そうした防御壁がないため、無関心な親の影響から自分を守ることができない。

その反対に、これをもっている子どもは、不安感を6倍も防御できるという。

●長いタイプの5-HTT——ストレスに強い遺伝子

強いストレスを感じ、トラウマとなるような状況に直面しても、楽々と乗り越えられる人たちがいることは、もう何年も前から研究者の知るところだった。そうした人たちはしばらくは元気をなくすかもしれないが、やがて回復のきざしを見せる。

その反対に、同じ状況に置かれた場合でも、重度のうつ病や不安障害に苦しみ、数か月たっても回復のきざしを見せない人もいる。なかには自殺する人もいる。この対《つい》をなす反応は、ケーガンが研究した低反応と高反応を示す乳児の成人版のように思える。

5−HTTとは「セロトニントランスポーター遺伝子」であり、この遺伝子がストレスへの強さに差が生じる一因となっているのかもしれない。

名前のとおり、この遺伝子によってコードされたタンパク質は、神経伝達物質セロトニンを脳のさまざまな領域に運ぶ牽引車《けんいんしゃ》のようなはたらきをする。そして、この遺伝子には二つの型があり、ひとつが「長い」タイプ、もうひとつが「短い」タイプだ。

あなたが「長い」タイプの持ち主なら、いい状態だ。あなたのストレスへの反応は、その状況の過酷さやトラウマが残る期間によって変わってはくるものの、「適正」範囲にある。自殺をするリスクは低く、つらい体験から立ちなおる見込みは高い。

いっぽう、「短い」タイプの持ち主は、自分の感情を調節するのが苦手で、人づきあいも苦手だ。関係性の有無はまだ判明していないけれど、〈ベビー19〉とよく似た特徴をもっている。

たしかに、生まれつきストレスに敏感な子どもと、ストレスに強い子どもはいるようだ。その一因がDNAの塩基配列にあるとするのなら、ストレス耐性に遺伝的基盤があると明言しなければならなくなる。

ということは、あなたのお子さんのストレスへの反応は、お子さんの瞳の色と同様、どう努力しても変えられないことになってしまう。

ストレス耐性は傾向であって、運命ではない

だから、この遺伝子に関する説は話半分に聞いておこう。こうしたDNA基盤説にお墨付きを与える前に、まだ解明できていない部分をさらに研究しなければならない。納得を得るには、もっと再現しなければならない研究もある。どの研究も遺伝子とストレス耐性には関係があることを示してはいるのだが、因果関係は示していない。

だから、胸に刻んでもらいたい。

傾向は運命ではない。

その理由は、遺伝子の染色体には生育環境が多大な影響を及ぼすからで、このテーマについては次章で説明していこう。DNAは行動に影響を及ぼすメンバーのトップに君臨しているわけではないが、メンバーの一員ではあり、その影響力は驚くほど大きい。医学が進歩すれば、将来、わが子のストレスに対する反応を調べる遺伝子スクリーニングが可能になるだろう。

だが、そもそも、自分の赤ちゃんが高反応か低反応かを知ることに、なにか価値はあるのだろうか?

ストレスに弱い子どもは、ストレスに強い子どもとはあきらかに違う育て方をする必要があるだろう。いつか、かかりつけの小児科医が血液検査のような簡単な手法でお子さんの遺伝情報を調べ、それを親に伝える日がくるのかもしれない。でも、そうした検査が実現するのは、まだずっと先の話だ。いまのところは、とにかくわが子のことをよく把握し、どうすれば幸福になれるかをさぐっていこう。

キーポイント

- 幸せな人生には、良好な人間関係と友だちが欠かせない。
- 同い年の友だちをつくれるようにする。
- 感情のコントロールができる子どもは、できない子どもよりも、友だちと深い友情を育む。
- 脳の唯一の領域が感情のすべてを処理しているわけではない。広範囲に張りめぐらされた神経ネットワークが重要な役割を果たしている。
- 感情は付箋のようなはたらきをして、脳にものごとを認識させ、優先順位をつける。
- 子どもがどれくらい幸福になれるかには、遺伝子がかかわっている可能性がある。

第6章

幸せに育てる親の接し方

子どもと絆を育む方法

「ニンジン、やだ！」

2歳のタイラーがレイチェルに向かって金切り声をあげた。レイチェルは息子が甘いものばかり欲しがるので、ほかのものを食べさせようとしたのだ。

「クッキー！　タイラーはクッキーが食べたいの！」

タイラーが腹ばいになり、床を叩きながら「クッキー！　クッキー！　クッキー！」と泣きわめき、暴れつづけた。チョコチップクッキーの存在を知ってからというもの、彼の人生における唯一の目的は、できるだけたくさんのクッキーを口のなかに詰め込むことになっていたのだ。

いっぽうレイチェルは元マーケティング部の幹部で、現在は主婦をしているけれど、超がつくほど有能な女性で、これまではカッとなることなどまずなかったし、「することリスト」の内容を忘れることもめったになかった。

その彼女にとってさえ、この癇癪の嵐は手に負えなかった。おまけに、尻尾を巻いて退散することもできない。彼女がこの部屋からでていこうものなら、タイラーは巡航ミサイルと化す。母親の姿をさがしているあいだは泣くのをやめるけれど、ひとたび母親という攻撃目標をとらえると、ふたたび床に身を投げだし、癇癪を爆発させるのだ。

そうなるとレイチェルは我慢できなくなり、身を隠すことにする。トイレに立てこもり、耳を覆うのだ。しばらく好きなようにさせておけば、タイラーは自分で気持ちを落ち着かせるだろうと、自分に言い聞かせて。

ところが、タイラーの癇癪はいっこうにおさまらなかった。午前中、母と子の頭上にはかならず暗雲がたちこめ、その結果、1日の行動にも悪影響が及び、かならず嵐が巻き起こった。レイチェルは日ごとに不安をつのらせ、息子と同様、気持ちを鎮めることができなくなった。

こんな事態に直面したらどうすればいいのか、これまで、だれも教えてくれなかった。子育てでは、あまり先のことを考えず、一日一日を着実にすごしていきたいのに、いまは数日分の負担が一度に自分の身に降りかかっているようにしか感じられない。

レイチェルにとってはもちろん、ほかの親にとっても、幸せな子どもを育てるための具体策はいくつかある――前章で述べたように、子どもによって気質に違いがあろうとも。

ここでタイラーが癇癪を起こすようすを描写したのは、そこに驚くべき事実があるからだ。タイラーの激しい感情に母親がどう反応するかが、彼の将来の幸福にきわめて大きい意味をもつのだ。それどころか彼女の反応は、息子が成長して、どんな若者になるかを予測する大きな要素のひとつなのだ。

それは、彼が他人に共感する能力に影響を及ぼす。つまり友だちをつくり、その友人関係を維持すること――人間の幸福の大きな要因――に関係してくるのだ。成績にも影響を及ぼすかもしれない。

赤ちゃんとの絆を育むプロセスを始めるにあたって、**子どもの感情に細やかな注意を払い、ある特別な手法を用いる親は、子どもを幸せにする確率がきわめて高い**。本章では、その「特別な手法」とはなにかを説明していく。

子どもの話をよく聞くと「愛着」が生まれる

この話を始めるにあたり、まずご登場願うのは、子どもたちの感情――そして親がどのように子どもと交流しているか――について数十年ものあいだ調査を続けてきたすばらしい研究者だ。その人物とは、１９５０年代のＳＦ映画から飛びだしてきたような名前をもつ、エド・トロニックである。

彼の功績でもっとも知られているのは「いないいないばあ」の遊びに関する研究で、親子がこの遊びを通じて絆を強める双方向コミュニケーションについて調べたものだ。トロニックが観察した親子の例をひとつ、紹介しよう。

「いないいないばあ」を続けて楽しくて仕方がなくなると、赤ちゃんはふいに母親から顔をそむけ、親指をしゃぶり、ぼんやりと宙を眺める。母親は遊ぶのをやめ、赤ちゃんのようすをそっと見守る……すると、ほんの数秒後、赤ちゃんが期待に満ちた表情を浮かべて、また母親のほうを向く。

母親は赤ちゃんのほうに身を寄せ、笑みを浮かべ、大げさな口調で高い声で話しかける。「あ、そこにいたの！」

赤ちゃんはにっこりと微笑み、声をあげる。そして、またふたりでうれしそうに「いないいないばあ」を始め、しばらくすると、赤ちゃんはまた親指をくわえ、母親から顔をそむける。母親はまた待つ……赤ちゃんが母親のほうを向き……目をあわせると、ふたりは満面の笑みを浮かべる。

ここでは次の二点に着目してもらいたい。

(1)　生後3か月の赤ちゃんには豊かな感情がそなわっている。
(2)　その感情に母親が細心の注意を払い、対応している。母親はわが子と交流すべき頃合いと、身を引いて待つべき頃合いを心得ている。

私はこうした思慮深い親とその赤ちゃんのあいだでおこなわれる交流のようすを、心温まる研究ビデオで何度も鑑賞してきた。そのどれもがすばらしかったし、複雑なピンポンのように思えた。コミュニケーションは継続しておこなわれるわけではなく、断続的で、たいてい赤ちゃんにリードされていて、つねに双方向だ。

親が思慮深く、辛抱強くわが子と接していれば、赤ちゃんの感情が安定する方向に神経回路の発達をうながすことができる。その反対に、親と同調する交流をまったく経験せずにすごした赤ちゃんの脳は、まったく異なる方向に発達する場合がある。

先ほどの親子の「いないいないばあ」においては、赤ちゃんと母親が相互にやりとりをする関係をすでに築いているのはあきらかだ。1960年代後半、研究者たちはそうした関係をあらわす用語を生みだした。

それが愛着（アタッチメント）だ。

そもそも愛着理論とは、「赤ちゃんはさまざまな感情をもつ能力と人間関係を結ぶ能力を生まれながらにもっている」という研究結果から生じた説だ。

この世に誕生したときから、赤ちゃんは嫌悪、苦痛、興味、安らぎを表現しているように見える。生後6か月を迎える頃には、怒り、恐怖、悲しみ、驚き、よろこびを感じるようになる。さらに1年後には、困惑、嫉妬、罪悪感、誇らしさまで感じるようになる。

こうした感情はタグ付け（もしくは付箋）のようなもので、脳に「これに注意して！」と伝えるのだ。子どもによって、タグをつけるものは異なる。父親のあごひげにうっとりする新生児もいれば、靴下をはくのが大嫌いな幼児もいれば、犬をこわがる子もいれば、犬が大好きな子もいる。

わが子がタグをつけるもの――感情が反応を示すもの――を理解し、それに対して親が特別な方法で反応するのは、愛着を育むうえで欠かせないだけでなく、幸せな子どもを育てる秘訣でもある。

赤ちゃんが人と交流する能力をもって生まれてくるのは、第2章で述べたように、進化するうえでその能力が欠かせなかったからだ。無力な赤ちゃんにとって、自分を養ってくれる人たちとゆるぎない信頼関係を結ぶのは、とりわけ便利な技能である。

この双方向コミュニケーションが定着するにつれ、赤ちゃんは「愛着をもつ」ようになる。愛着とは、成長する赤ちゃんとおとなのあいだで育まれる相互に愛情を示す関係とされている。

愛着の絆は、さまざまな経験を通じていっそう強固になり、親密になる。ここでは乳児の頃に、親が赤ちゃんにどれほど細やかな注意を払って対応するかが重要となる。

この絆を形成するプロセスが安定して進まず、いわば乱気流に翻弄されるような状態になると、赤ちゃんの愛着は安定しない。すると、そうした子どもは幸せには育たない。

対人応答性テストを実施したところ、愛着が安定している子どもと比べて、安定していない子どもは3分の2ほどスコアが低かった。成長するにつれ、そうした子どもは、対人関係において2倍ほど感情的な衝突をしやすくなる。また、あまり共感を示さないうえ、怒りっぽく、学校での成績も低迷する。

愛着が生まれるまでには何年もかかる

愛着理論は、メディアではなはだしく誤解されて報じられてきた。「赤ちゃんがもって生まれた人間関係を結びつける糊《のり》は見る間に乾燥してしまう」などと表現されたことさえあった。

　だから出産後はその糊が乾ききり、愛着を育む期間が終わってしまわないうちに、できるだけ早くさまざまな手法――生まれてきた赤ちゃんをすぐに母親のお腹の上に置く手法がとくに人気があった――をとらなければならないと喧伝された。こうした考え方はいまなお根強く残っている。

　私の同僚が「愛着」をテーマにした講演を終えたときのこと。スーザンという女性が演台に近づいてきた。

「どうしたらいいかわからないんです」と、彼女は口をひらいた。1か月前に初めての子どもを出産したんですが、ひどい難産だったため、その後は疲労のため意識が朦朧《もうろう》としていたんです、と。

「愛着を育むのにたいせつな時間だったのに、私、ずっと寝ていたんです！」と、目に涙を浮かべ、スーザンは言った。

「赤ちゃんは、私のことをまだ好きでいてくれるでしょうか？」

　スーザンは赤ちゃんとの関係に修復できない傷を残してしまったのではないかと、パニックにおちいっていたのだ。それというのも、友人から「母子の絆の形成が終わるまでは、赤ちゃんをお母さんから引き離さないでください」という標語が掲示されている産科病棟があると聞いたからだ。

同僚は「大丈夫ですよ、どこにも悪いところなどありません」と言い、彼女を安心させようとした。赤ちゃんの発達に取り返しがつかない悪影響など及ぼしていませんし、赤ちゃんと触れあえる充実した時間はこれからたっぷりあるのですから、どうぞ楽しんでください、と。

愛着は瞬間接着剤ではなく、ゆっくりと乾いていくセメントのようなものだ。赤ちゃんは生まれた直後から、周囲の人たちがどのようにかかわっているのかを察知し、柔軟なワーキングモデルを発達させていく。そして、この情報を利用して、生き延びる方法を模索しはじめる。

当然のことながら、最初のターゲットは両親だ。この活動から形成される人間関係は時間をかけてゆっくりと発達し、たいてい2年以上の期間が必要となる。つねに——とりわけ最初の数年のあいだは——用心深く注意を払っている親は、統計から見ても、もっとも幸福度の高い子どもを育てている。

「弱気な親」では子育てはできない

では、わが子と交流の同調性をうながす遊びを一定のペースでおこなっていれば、もうそれで充分なのだろうか?

とんでもない。たしかに、生後3か月の赤ちゃんとやりとりをするのは必要(それに楽しい)だろうが、それだけすれば、赤ちゃんがおとなになって幸せになれるわけではない。子どもは成長しなければならず、その過程では当然のことながら、みずから行動を変えなければならないし、周囲にいるすべての人との複雑な人間関係にも対応しなければならない。

だからあなたは親として、そうした変化に適応しなければならない。

子育てはすばらしい。でも、弱腰のままでは育児はできない。

赤ちゃんがこの世に誕生して2年目を迎える頃には、ママとパパもまた進化を遂げている。最初は甘い言葉をささやいて赤ちゃんをあやし、その後は立派に遊び相手を務めていたのに、いつのまにかぜいぜいと息を切らし、髪をかきむしり、怒鳴り声をあげる前に10まで数えろと必死で自分をなだめる親へと変貌を遂げているのだ。

こうした変化はごく自然なものだ。そしてまた、イライラするのも自然なことだ。大半の親は、この時期の子どもからさまざまなことを学ぶ。自分には忍耐力がどれほど足りないかも思い知る。もちろん、親として辛抱強くがんばることもたいせつだけれど、幸せな子どもを育てたいのであれば、肝心なのはどんな手法を駆使するかだ。

幸せな子どもの定義

幸せな子どもとは、どんな子のことを指すのだろう？

私が思い浮かべるのは、１９７０年代前半、同じ高校に通っていた友人のダグだ。ダグはずば抜けて頭がよかった――とりわけ数学が得意だったけれど、ディベートチームのメンバーにも選ばれたし、履修した科目ではほぼトップの成績を誇っていた。やがて卒業生総代になるのだが、1年生の頃から、当然そうなるものと思っていたようだ。ダグは運動神経もバツグンで（アメリカン・フットボールの一軍の選手だった）、さわやかな自信に満ちていて（しかもにこやかに微笑んでいる）、クスリでもやっているのかとかんぐりたくなるほどの楽天家だった。そしてなにより、ダグは無邪気なまでに謙虚でありながら、社交の場では自信に満ちた態度でふるまっていた。だから当然、大の人気者だった。

どこから見ても知性と才能に恵まれていて、やる気にあふれ、社交も得意で、幸せそうだった。あれはすべて、ダグの演技だったのだろうか？　それとも、彼の生理機能にはなにか特別なところがあったのだろうか？

大量のデータが示すところによれば、ダグのような子どもには、測定可能な差異が認められる。自律神経系——迷走神経の緊張——を無意識のうちに調整する力が群を抜いて安定しているのだ。

そうした子どもには次のような特徴がある。

- **感情を上手にコントロールできるので、すぐに自分を落ち着かせることができる。**
- **学校の成績がトップレベル。**
- **人に深い共感を示して対応をする。**
- **親に強い忠誠心をもち、親の望みをかなえる確率が高い。親に従うのは、親をおそれているからではなく、強い絆で結ばれているという思いがあるからだ。**
- **小児うつ病や不安障害の罹患率が低い。**
- **感染症の罹患率がきわめて低い。**
- **暴力行為がほとんど見られない。**

●**濃密で多彩な友人関係を築き、友人の数も多い。**

このリストの最後の特徴は、幸せな人生を送る確率をぐんと高くする。こうした研究結果を知った親の頭には、自然と次のような疑問が浮かぶはずだ。

「どうすれば、そんな子どもを育てられるの？」

ダグの両親は心理学者ではなかった。

食料品店のオーナーとしてそれなりの成功をおさめていて、結婚20周年を迎え、見るからに幸せそうで、精神的にも安定しているようだった。

そしてあきらかに、正しい子育てをしていた。

読者のみなさんには、そうした特徴をもつ子どもを育てる方法をお伝えしよう。ここでは、それをバーベキューチキン用のミックス・スパイスのレシピにたとえて説明する。

この料理を育児にたとえると、チキンそのものがあなたの「子どもの感情」だ。そして、スパイスは育児における「親の行動」だ。

親が日頃からこのスパイスをきちんと鶏肉に揉み込んでおけば、幸せな子どもが育つ確率が高くなる。

子どもの感情を育む六つの行動

子育てをしていると、親は毎日のようにさまざまな問題に直面するけれど、そのすべてが子どもの将来に影響を及ぼすわけではない。

だが、ひとつだけ、確実に影響を及ぼすものがある。

あなたが子どもの感情にどう対処する――子どもの感情を察し、それに対応し、励まし、感情のコントロールについて助言する――かが、赤ちゃんの将来の幸福度を左右するもっとも大きな要因となるのだ。

ダイアナ・バウムリンドから、ハイム・ギノット、リン・カッツ、そしてジョン・ゴットマンにいたる研究者たちが、この50年ほど研究を続けてきた結果、この結論に達した。だからこそ、あなたのお子さんの感情面の発達――バーベキューチキンのレシピでたとえれば「チキン」――こそが、将来の幸福度を左右するのだ。

子育てにおいては、料理の中心にチキンを据えないと、せっかくのレシピを有効活用することができない。肝心なのは、子どもの感情が乱れて、親も自制心を失いかけたときにどんな行動をとるかだ。

子どもの感情を育むミックス・スパイスに入れる6種類の材料は以下のとおり。

- **厳しいけれど、あたたかい子育てのスタイル**
- **自分の感情をなだめる**
- **子どもの感情の起伏を把握する**
- **子どもの感情を言葉であらわす**
- **子どもの感情に真正面から向きあう**
- **たっぷりと共感を示す**

①厳しいけれど、あたたかい子育てのスタイル

発達心理学者のダイアナ・バウムリンドの貢献のおかげもあり、子育ての有効な手法についてさまざまなことがあきらかになっている。

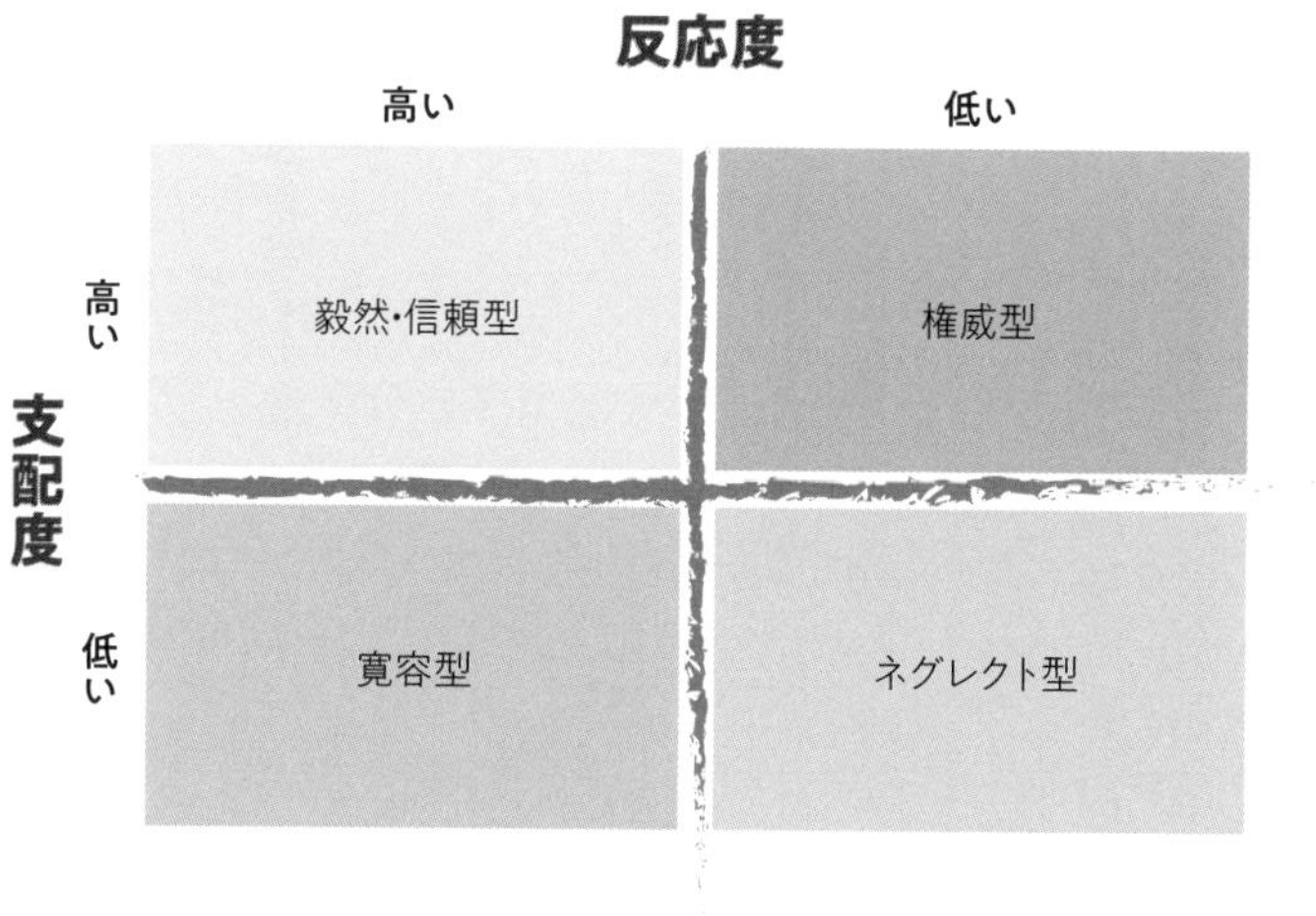

彼女は、養育スタイルを四つのタイプに分類した。上の図を参照してもらいたい。

●**反応度**

親が子どもをどの程度支援し、あたたかく接し、受けいれるかを示す。あたたかい親はたいてい子どもに対する愛情をコミュニケーションで伝える。いっぽう、冷淡な親はたいてい子どもを拒絶し、それをコミュニケーションで伝える。

●**支配度**

親がどの程度、子どもの行動をコントロールしようとするかを示す。子どもの行動に制限を設けようとする親は、容赦なくルールをつくり、強要する。いっぽう、自由放任の親はルールをいっさい設けない。

こうした特徴を縦二つ、横二つのマスに分けて考えると、四つの養育スタイルに分類できる。このなかで幸せな子どもを養育できるのは、たったひとつのスタイルだけだ。

権威型――厳しすぎる

●子どもに対してあまり反応しないのに、口うるさく要求ばかりする

子どもに権力を行使することを、なによりも重視している。よって、子どもはたいてい親をおそれている。親は、どうして子どもに対してルールを設けたのか、その理由を説明しようとしない。あたたかい言葉をかけることも、思いやりのある態度を示すこともない。

寛容型――甘すぎる

●子どもに対して反応はするのだが、ほとんど要求をしない

このタイプの親は心から子どもを愛してはいるのだが、ルールをつくり、それを子どもに守らせる能力が足りない。そのうえ対立を避けようとするため、家族の最低限のルールさえ守らせようとしない。このタイプの親は子育てという責務にどう対処していいかわからず、途方に暮れることが多い。

ネグレクト型——冷たすぎる

●子どもにいっさい反応せず、なんの要求もしない

おそらく、最悪のタイプ。このタイプの親は子どものことなどまったく気にかけず、子どもと日々、交流しようともせず、最低限の世話に終始する。

毅然・信頼型——最適

●子どもにしっかりと反応し、きちんと要求もする

最高のタイプ。このタイプの親は厳しくもあるが、心の底から子どものことを気にかけている。子どもには守らなければならないルールがあることを説明し、そのルールに対する考えも素直に話すよう、子どもにうながす。子どもの自立を歓迎し、奨励はするものの、家族の価値観はしっかりと守らせる。このタイプの親は、子どもとのコミュニケーション術に秀でている場合が多い。

ネグレクト型の親に育てられた子どもは、その後、最悪の行動をとるようになり、感情面でも多くの問題を抱える傾向が強い。そうした子どもはまた成績も非常に悪い。

その反対に毅然・信頼型の親は、ダグのような子どもを育てる確率が高い。

②自分の感情をなだめる

「メタ情動」とは、自分の気持ちを高い次元から客観的に眺めることを指す（「メタ」には超越するとか、上から眺めるといった意味がある）。

感情に対する考え方は人さまざまで、なかには感情的な経験を歓迎し、人生という旅を豊かに彩る重要なものだと考える人もいる。また感情は人間を弱くし、当惑させるから、できるだけ抑制すべきだと考える人もいる。よろこびや幸せといった感情はいいけれど、怒り、悲しみ、恐怖といった感情を基盤に行動を起こしてはならないと考える人もいる。さらには自分の感情にどう対処すればいいのかわからず、感情から逃げようとする人もいる。それこそ、本章の冒頭に登場した、2歳児に手を焼いているレイチェルだ。

さて「メタ情動」とは、あなたが気持ち——あなた自身の気持ちであろうと他人の気持ちであろうと——を客観的に眺めたものだ。では、この観点からバウムリンドの4種類の養育スタイルを区別することができるだろうか？

あなたのメタ情動は、あなたの子どもの将来にとって、きわめて重要であることがわかっている。それにより、あなたが子どもの感情にどう対処するかの予測を立てられるし、ひいては、子どもが自分の感情をコントロールする方法をどう身につけていくか（あるいは身につけられないか）を予測できるのだ。

自分の気持ちを客観視する技能は、子どもの社会的能力と直結しているため、子どもが将来、幸福になるかどうかをも左右する。あなたのお子さんが自分の感情をなだめられるようになるには、まず、親が自分の感情をなだめなければならないのだ。

③子どもの感情の起伏を把握する

舞台や映画で活躍する女優、グウィネス・パルトロウは母親が女優、父親が監督という芸能一家で育った。両親は結婚生活をまっとうした。１９９８年、パレード誌のインタビューに応じ、パルトロウは父親について次のような思い出話を披露した。

10歳のとき、家族でイングランドに行きました。母にテレビのミニシリーズの撮影があったからです……週末、父が私をパリに連れていってくれました。父とふたりで、最高に楽しい時間をすごしました。ロンドンに戻る飛行機のなかで、父が私に「どうしておまえをパリに連れていったか、わかるかい？　ふたりきりでさ」と、尋ねました。

「どうして?」と、私は尋ねました。すると、父はこう答えました。

「おまえが初めてパリを目にするときには、生涯、おまえを愛する男と一緒にいてほしかったからね」


パルトロウがアカデミー主演女優賞を受賞した1999年、彼女は感情もあらわに、涙ながらにかの有名な受賞スピーチをおこない、家族のおかげで愛とはどんなものかがわかるようになったと謝意を述べた。

その3年後、父のブルース・パルトロウは亡くなった。

だが、彼の愛に満ちた言葉の価値はいまも色褪せない。

子どもの感情に特別な方法で細心の注意を払う親について、私は本章で説明してきた。トロニックの研究室で「いないいないばあ」をして遊んでいる母親と赤ちゃんのようすから、その実例を見ることができる。


母親は遊ぶのをやめ、赤ちゃんのようすをそっと見守る……すると、ほんの数秒後、赤ちゃんが期待に満ちた表情を浮かべて、また母親のほうを向く。母親は赤ちゃんのほうに身を寄せ、笑みを浮かべ、大げさな口調で高い声で話しかける。

「あ、そこにいたの！」

赤ちゃんはにっこりと微笑み、声をあげる。

このママは、わが子の感情を敏感に察している。赤ちゃんがそっぽを向くのは、おそらく受信している五感の情報があふれそうで、しばらく休憩を必要としているからだと察しているのだ。だから彼女は赤ちゃんのようすをそっと見守り、辛抱強く待つ。そして赤ちゃんが、もう情報の洪水がおさまったことを身ぶりで示すまで、遊びを再開しようとはしない。

だから赤ちゃんも、ママがまた話しかけてくれたときにはうれしくなって、にっこりと微笑むことができたのだ。遊びが途絶えたのは５秒にも満たなかったけれど、これを長い歳月に引き伸ばして考えれば、親が子どもの感情を敏感に察する行為は、充実した学校生活を送る子どもと、非行に走る子どもの違いを生みだす可能性がある。

もっとも幸福度の高い子どもの親は、こうした習慣を子育ての初期から始め、長年、続けている。彼らは子どもの感情の起伏を察知し、把握しているのだ。

ただし、子どもを支配しようとはしないし、むらのある態度で接することもない。**思いやりのある家庭医のように、愛情をこめつつも、控えめな態度で見守っている。**

だから、子どもが幸せなのか、悲しいのか、おびえているのか、よろこんでいるのかを、面と向かって尋ねなくても把握できる。**子どもが話す言葉や身ぶりや表情から、驚くほどの正確さで気持ちを読みとることができるのだ。**

●感情がわかる親には「予測する力」がある

どうして、わが子の行動を予測することができるのだろう?

これについては、二つのことしかわかっていない。

第一に、子どもの感情に関する情報を把握している親は、行動を予測するうえで大きな力を得ている。どんな状況でも、わが子がとりそうな行動を予想するプロになるのだ。その結果、いかなる状況に置かれても、わが子にどんなことが有益なのか、有害なのか、あるいは可もなく不可もなしなのかを直観で察するようになる。これは親として身につけられる、きわめて価値のあるスキルだ。

第二に、長年、子どもの感情に注意を払ってきた親は、つねに変化を続ける子どもの感情面の発達に不意をつかれて驚くことがない。親にとって、これはとてもたいせつなことだ。というのも、子どもの脳は発達過程で構造が大きく変化するからだ。脳が変化するにつれ、当然、子どもの行動も変わり、そしてまたさらなる脳の変化をうながす。こうして子どもが成長しても、子どもの感情を把握している親はそれほど仰天せずにすむ。

とはいえ、わが子の感情の観察には注意すべき点もある。つい、余計に手をだしてしまう危険があるからだ。

1980年代後半、親が子どものシグナルに――喉を鳴らすたびに、げっぷをするたびに、咳をするたびに――いちいち反応していると、赤ちゃんはしっかりとした愛着を形成しないことが判明し、研究者たちは少なからず驚いた。**子どもは、溺愛されて息苦しさを覚えるのを好まない。こうして息苦しくなると、感情を自分でコントロールするのが苦手になり、自分だけの空間が欲しい、自立したいという自然な欲求が抑え込まれてしまう。**「いないいないばあ」の遊びをしていたとき、赤ちゃんが示すシグナルに応じて、母親が何度も遊びを中断したことに着目してもらいたい。

新米の親には、わが子がいつ愛されていると実感し、いつ窮屈だと感じているのかが、なかなか把握できない。なかには、いつまでたっても把握できない人もいる。おそらくその一因は、そうした気分の変化が子どもによって違うからだ――日によって気分が違う場合だってあるだろう。

それでも、あなたはバランスをとらなければならない（ここでも「ゴルディロックスの原理」があてはまる）。いつでも子どものあとを追いかけて監視する「ヘリコプターペアレント」に自分もなってしまうのではないかとおそれ、必死で抵抗している親なら、だれよりもしっかりと愛着を形成できるはずだ。

④子どもの感情を言葉であらわす

「これ、きらい」

お客さんたちが帰っていくと、3歳の女の子がつぶやいた。おねえちゃんのアリーのお誕生会のあいだ、妹はずっと機嫌が悪かったのだが、いまやむくむくと怒りが湧きあがってきたようだ。「アリーのお人形がほしいの！　これじゃイヤ！」

両親は妹のためにも一応プレゼントを買っておいたのだが、この戦略は裏目にでたようだ。妹が床に人形を投げつけ、泣きはじめた。

「アリーのお人形！　アリーのがいい！」

このように子どもが癇癪を起こしたとき、親にはいくつか対処法があることは想像がつくだろう。

「悲しそうだね。悲しい？」

父親はそう言うことにした。妹はうなずいたけれど、まだ怒っている。父親は先を続けた。

「どうして悲しいのか、お父さんが理由をあててみようか。おまえが悲しいのは、アリーがたくさんのプレゼントをひとりじめしたからだ。おまえには、たったひとつしかないのに！」

妹がまたうなずいた。

「おねえちゃんとおんなじ数のプレゼントが欲しいのに、自分はもらえない。そんなのは不公平だ。だから、悲しいんだろう？」

父親は大げさな口調で語りかけた。

「お父さんが欲しいものを、だれかがもらっていて、自分はもらえないときには、お父さんもやっぱり悲しくなるよ」

そう言うと、父親は口をつぐんだ。

しばらくすると、感情を言葉で表現するのが得意な親がよく使うせりふを口にした。

「そういう気持ちには名前がついてる。どんな言葉か、知りたいかい？」

すると妹がめそめそしながら「うん」と、応じた。すると父親は妹を抱きかかえた。

「そういうのを〝やきもち〟って言うんだよ。おまえはアリーがもらったたくさんのプレゼントが欲しかったのに、もらえなかった。おまえはやきもちを焼いたのさ」

妹は甘えたように泣いていたが、だんだん落ち着いてきた。

「やきもち」と、妹が小声で言った。

「そのとおり。すごくイヤな気持ちだよね」と、父親は応じた。

「きょうはずーっと、やきもちだった」

そう言うと、妹は父親の力強い腕に身体を預けた。

この寛大な父親は
(a)　自分の気持ちにラベルを貼って分類するのが得意で、
(b)　自分の気持ちに名前をつける方法を娘に教えるのもうまい。

自分が悲しいときの気分をよく把握していて、それを苦もなく言葉で表現できる。わが子の胸が悲しみで張りさけそうであることを察し、それを言葉で表現するやり方を教えた。それに、よろこび、怒り、嫌悪、心配、恐怖など――幼い娘が経験するあらゆる感情――を教えるのもうまい。
このように**感情にラベルをつける習慣が、幸せな子どもを育てている親に共通して見ら**

れることが、研究によってあきらかになっている。

感情に名前をつける親の習慣に触れて育った子どもは、自分を落ち着かせるのが得意なうえ、目の前の作業によく集中できるし、友だちともうまくやっていける。ときには、なにを言うべきかわかっても、なにをすべきかがわからないこともある。それでも、感情を言葉であらわすだけで充分な場合もあるのだ。

●感情をラベリングできる子どもは落ち着きがある

父親が娘の気持ちに寄り添い、その気持ちを言葉で表現したところ、幼い娘はしだいに気持ちを落ち着けていった点に着目してもらいたい。

これは科学者の研究でもよく見られる現象で、実験室で再現することもできる。**感情を言葉で表現すると、子どもの神経系を鎮める効果があるのだ**。これはおとなにもあてはまる。感情を言葉で表現する「感情のラベリング」には、たかぶった気持ちを落ち着かせる効果があるのだ。

このとき、脳のなかでは、おそらく次のようなことが起こっている。言葉を使うコミュニケーションと表情や身ぶりだけを使うコミュニケーションの両方を活用するのは、二つの神経系を連結させるようなものだ。ところが、赤ちゃんの脳ではこの二つの神経系がまだきちんとつながっていない。よって脳がそうした感情について語れるようになる前から、赤ちゃんの身体は恐怖心、嫌悪感、よろこびなどを感じている。

子どもは感情の反応をまず生理的な特徴としてとらえるが、そうした反応をまだなんと呼べばいいのかわからない。

だからこそ激しい喜怒哀楽を感じると、乳幼児はこわくなる。よって、いったん癇癪を起こすと、こうした恐怖心によって癇癪はいっそう激しくなる。けれど、その溝はいつまでも埋まらないわけではない。初めはどれほどおそろしく思えても、このたかぶる気持ちがどういうものなのか、言葉で表現できるようになる必要があるからだ。

そのためには、二つの神経系を連結させなければならない。研究者たちは、感情にラベルを貼ることで、こうした連結ができると考えている。二つの神経系のあいだに橋がかけられるのが早ければ早いほど、自分を落ち着かせる行動をとれるようになるし、ほかにもたくさんの利益を得られる。

研究者のキャロル・イザードは、感情を言葉で表現する指導をおこなわない家庭の子どもの場合、言葉を使う神経系と言葉を使わない神経系が完全に連結しないまま、不健全なかたちで統合することを示した。自分が感じている気持ちにラベルを貼ることができないと、子どもは生理的反応がもたらす不協和音によって混乱しても、そこから脱出できなくなるのだ。

●自分の感情を客観視する練習をしよう

まず自分の感情を声にだして説明し、ラベリングの練習をしよう。

幸せ、嫌悪、怒り、よろこびなどを感じたときには、それを口にだして表現するのだ。配偶者に向かって説明するのもいいし、宙に向かって言うのもいい。

実際に試してみると、想像以上にむずかしいかもしれない——とくに胸のうちを深く掘りさげ、自分の心理を的確に表現することに慣れていない人にとっては。それでも、とにかくわが子のためなのだから、努力しよう。

おとなは子どもの行動に2種類のやり方で影響を及ぼすことを思いだしてもらいたい。ひとつは見本を示すこと、もうひとつは直接、介入することだ。

だからいますぐ、感情にラベルをつける習慣を身につけよう。そうすれば、あなたの愛くるしいお子さんが言葉を話すようになる頃には、親の真似をして山ほどの感情にラベルを貼れるようになる。そこから得たものは、生涯、お子さんの財産になるはずだ。

ただし、注意してもらいたい。このトレーニングのポイントは、あなたの意識を高めることにある。とくに感情をたかぶらせなくても、自分の感情を意識することはできる。自分の気持ちに意識を向けているからといって、相手かまわず感情のストリップショーを演じる義務はない。トレーニングをするときは、次の点に留意してもらいたい。

- **喜怒哀楽を感じたら、それを自覚する。**
- **その感情にすばやくラベルを貼り、必要に応じて言葉で説明する。**
- **自分も感じたことがある感情を、ほかの人も体験しているときは、すぐに察しをつける。**

音楽を学ぶと共感の力が得られる

相手の話や声を聴き、その気持ちを敏感に汲みとる能力を伸ばす方法が、もうひとつある。「音楽のレッスン」だ。

シカゴ近辺の研究者たちは、音楽のレッスンを受けた経験がある――なんらかの楽器のレッスンを7歳になる前から始め、少なくとも10年間学んだ――子どもは、赤ちゃんの泣き声をヒントに、そこにこめられた微妙な感情をすぐさま察知し、反応することを示した。研究者たちは、赤ちゃんの泣き声のタイミング、高さ、音質の変化を追跡すると同時に、そのあいだ、音楽を習ってきた子どもの脳幹で起こっていることを観察した。

厳しい音楽のレッスンを受けていない子どもの脳幹では、あまり変化が見られなかった。

そうした子どもの脳は赤ちゃんの泣き声に潜む細かい情報を察知することができず、いわば赤ちゃんの感情に音痴だったのである。

この論文の第一筆者であるダーナ・ストレイトは「音楽のレッスンを受けてこなかった脳よりも、継続して音楽のレッスンを受けてきた脳のほうが、赤ちゃんの泣き声にすばやく正確に反応したことを考えれば、おそらくほかの状況でも感情の認識がすぐれていると予測できる」と、述べている。

この研究結果は信頼が置けるものであり、きちんと再現できるとはいえ、意外でもあった。将来、わが子に幸せになってほしいのなら、幼い頃から音楽を学ばせるほうがいいと示唆しているのだから。

⑤子どもの感情に真正面から向きあう

それは、どんな親にとっても悪夢だった。わが子が生命の危機に直面し、必死で1本の枝につかまってはいるものの、いまにも指先が離れようとしているのだ。

1996年2月、15歳のマーグリン・パセカはもうひとりの友人とマタンザス川で遊んでいたとき、中部カリフォルニアで発生した鉄砲水に突然、飲み込まれた。友人はなんとか土手に這いあがり、安全な陸地まで走っていった。だが、マーグリンは違った。ひとり濁流に取り残され、やっとのことで1本の枝にしがみついていたのである。

まるでラッシュアワーの車のように、彼女のまわりを急流が渦巻き、それが45分も続いた。ようやく救助隊員が駆けつけたとき、マーグリンにはほとんど力が残っていなかった。そのようすを見守っていた人たち――マーグリンの母親もいた――は悲鳴をあげていた。

消防士のダン・ロペスは悲鳴をあげてはいなかった。一瞬の躊躇もなく、荒れ狂う冷たい川へと身を投じ、マーグリンに救助用ハーネスを装着しようとした。だが、うまくいかない。もう一度、もう一度……何度繰り返してもダメだ。疲労困憊した少女の身体から力が抜けようとしたまさにその瞬間、ついにロペスがハーネスの装着に成功した。

サンタ・ローザのプレス・デモクラットで仕事をしているフォトジャーナリストのアニー・ウェルズが現場にいて、その瞬間をとらえた（しかもピューリッツァー賞まで獲得した）。それは驚くべき写真だった。いまにも枝から手を離そうとしている弱りきったティーンエージャーの少女の命を、間一髪、筋骨隆々とした消防士が救っている瞬間を切りとっている。

そこにいたほかの人たちは悲鳴をあげるか、ただ傍観するか、そこから逃げだすかしかなかったのに、ロペスは一目散に駆けだし、危険きわまる状況に身を投じたのである。

私の友人のダグ――卒業生総代を務めた例の好青年――のような子どもを育てる親たちは、間違いなく、この種の勇気の持ち主だ。こうした親は子どもの感情の嵐に真正面から向きあおうとする。彼らは感情に対して、次の四つの心構えをもっている。

- **どんな感情も非難しない。**
- **思わず反射的に反応してしまう感情があることを理解している。**
- **感情は選択できなくても、行動は選択できる。**
- **危機に直面したときこそ、たいせつなことを教える絶好の機会だと考えている。**

どんな感情も非難しない

恐怖や怒りといった激しい感情は表現しないほうがいいと、積極的に指導している家庭は多い。そのいっぽうで、幸福や平穏といったものは「認められた」感情のリストのトップに君臨している。

ところが、世界各地に存在するダグのような若者の親にとって「悪い感情」は存在しない。だから「よい感情」も存在しない。感情とは、ただそこにあるものか――ないものだ。

どうやらこうした親たちは、感情が人間を弱くすることも強くすることもないと承知しているようだ。感情は、人間を人間たらしめているにすぎない。

その結果、「子どもはありのままがいい」という分別のある態度をもてるようになるのだ。

●思わず反応してしまう感情とは?

子どもの気持ちがたかぶったときに、あえてそれを無視しようとする家族もいる。おとな同様、子どもにも自力で「ぱっと気持ちを切り替えて」ほしいと思うからだ。

ところが、そうした感情を否定すると、状況はいっそう悪化しかねない（自分の気持ちを否定すると間違った選択をしやすくなり、その結果、トラブルに巻き込まれやすくなる）。幸福度の高い子どもを育てた親の調査をしたところ、彼らは消えてほしい感情を瞬時にして消し去ることはできないことを承知していた。最初に生じる感情は、まばたきのように無意識に生じる反応なのだ。だから、消えてなくなることはない。

では日常生活で、子どもの感情を無視する態度は、どのように親の行動にあらわれるのだろう?　たとえば、あなたの3歳の息子のカイルがとても可愛がっていたペットの金魚が、ある日突然、死んでしまったとしよう。カイルは見るからに大きなショックを受けてふさぎ込み、「金魚さん、帰ってきて!」「金魚さんに会いたいの!」と言いながら、家のなかを一日中歩きまわっている。

あなたはこれまでそんな息子を無視しようとしてきたものの、だんだん、イライラしてきた。さて、どうすればいいのだろう？

対処法、その一

「カイル、残念だけど、金魚さんは死んでしまったの。でもね、たいしたことじゃないのよ。だって、ただのお魚なんだもの。それにね、命あるものはかならず死ぬ。そういうものなの。だからカイル、泣くのはやめて、お外に行って遊んでらっしゃい」と、声をかける。

対処法、その二

「仕方ないのよ、カイル。だって、あの金魚さん、あなたが生まれた頃にはもうだいぶ年をとっていたんだもの。あした一緒にお店に行って、新しい金魚さん、買ってきましょ。だからほら、顔をあげて笑って、お外に行って遊んでらっしゃい」と、声をかける。

どちらの対処法も、そのときのカイルの気持ちを完全に無視している。前者はカイルの悲しみをとにかく否定しようとしているし、後者は悲しみを麻痺させようとしている。そして**両者とも、彼のつらい気持ちに向きあう努力をまったくしていない**。カイルが悲しみを乗り越えるうえで役に立つものを、なにひとつ提供していないのだ。

このとき、カイルがなにを考えていたのか、想像がつくだろうか。

「これがたいしたことじゃないのなら、どうしてぼく、こんなに悲しいんだろう？　こんなにつらい気持ちを、いったいどうすればいいんだろう？　こんなふうになるなんて、きっとぼく、どこかおかしいんだ」

感情は選択できなくても、行動は選択できる

幸せな子どもを育てている親は、子どもが悪いことをしたら許さない――子どもがなぜそんな行動をとったのか、理由がわかっているとしても。

そうした親は「認められること」と「認められないこと」のリストをつくってはいるが、それは子どもの「行動」に関する是非であって、「感情」をとがめはしない。それを前提にしたうえで、定めたルールをきちんと守らせるべく、親はどんな選択が適切であるかを、絶えず子どもに言い聞かせる。ダグのような子どもを育てている親は、子どもをたしなめるときに声を荒らげはしないが、明確なルールブックを設けているのだ。

なかには、ルールブックをいっさい設けていない家庭もある。どんな感情であれ、子どもに自由に吐きださせている親がいるのだ。そうした親は、子どもが不満をぶちまけるう

えでどんな行動をとろうとも、われ関せずと放っておく。

ネガティブな感情の洪水にいったん翻弄されてしまったら、土手に這いあがって激流がおさまるのを待つしかないと考えているのだ。こうした考えをもつ親は、しだいに子育てにともなう責任を放棄するようになる。こうした親は、これまで調査の対象となってきたあらゆる育児タイプのなかで、結果としてもっとも問題の多い子どもを育てることが、統計から見てもわかっている。

感情を解放すれば万事うまくいくという説は、たんなる迷信だ。

「抑え込むより吐きだすべし」という格言もあるほどだが、半世紀近く研究を重ねた結果、「怒りをあらわにする」と、いっそう攻撃性が増すことが判明している。怒りをあらわにする行為が役に立つのは、その後、建設的に問題を解決できたときだけだ。

C・S・ルイスはナルニア国ものがたりの『銀のいす』（瀬田貞二訳、岩波書店）のなかで、次のように記している。

「泣くことは、泣けるあいだは、それなりによいものです。でも、おそかれ早かれ、泣きやまなければなりませんし、そうなると、それからどうするかを決めなければなりません」

●危ない場面こそ、たいせつなことを教える絶好のチャンス

幸福度の高い子どもを育てている親は、子どもが激しい感情に襲われたとき、気持ちが鎮まる頃合いを慎重に見はからい、教え諭そうとする。危機に直面したときこそ、そこから大きな変化が生じ、それが持続することを、直観的に理解しているからだ。

そのため、子どもが感情の嵐に見舞われたとしても、いまこそ貴重な学びのチャンスだと歓迎する場合があるほどだ。

「深刻な危機を利用しない手はない」という姿勢は、こうした家庭に共通して見られる。

子どもにとっての大問題は、親にしてみればばかばかしいほどささいな問題であり、貴重な時間を割くほどのものではないように思えるかもしれない。

けれど、問題は解決すればいいのであって、その問題自体を好きになる必要などないことを、こうした親はよくわかっている。だからよく、「大惨事となるおそれがあるもの」を「学びのチャンス」と言い換える。そうすると、大惨事をまったくべつの視点から眺めることができるのだ。

このように視点を変えれば、長期的に二つの結果を生みだすことができる。

第一に、子どもが感情を爆発させることがあっても、親は冷静でいられる。そのうえ、そうした子どもがおとなになってから危機に直面したとき、子どもの頃の体験を思いだし、

手本にすることができる。

第二に、気持ちが荒れることが少なくなる。タイミングが重要だとわかってくるからだ。火事による被害を最小限に抑えるには、すぐさま消火するのがいちばんいい。火の手を無視するのではなく、炎に向かって走っていって消火すれば、家の修繕費も安くあがる。

では、どうやって火を消せばいいのだろう?

それが六番目のスパイスだ。

⑥たっぷりと共感を示す

あなたは落ち着きのない２歳の娘エミリーと、郵便局の長い列に並んでいる。エミリーが「お水、飲みたい」と言う。

あなたは穏やかに、「いますぐには飲めないのよ。ウォータークーラーが壊れてるから」と応じる。すると、エミリーが駄々をこねはじめ、「お水が飲みたいの!」と、甲高い声をあげる。あなたはこれから起こる事態を想像し、血圧まで上がりはじめる。

「おうちに帰るまでガマンしましょうね。ここにはお水がないから」と、あなたは言う。

エミリーが言い返してくる。

「いま、飲みたいの！」

母と子のやりとりは激しさを増し、公衆の面前でいまにもケンカが始まりそうだ。

さて、どうすればいいのだろう？　あなたは次のいずれかの作戦を実行する。

●子どもの気持ちを無視して、「おうちに帰るまでガマンしなさいって言ったでしょ。ここにはお水はないの。いいから、静かにして」と、ぶっきらぼうに言う。

●大勢の人がいるなかで、子どもが大声で泣きだすのではないかと心配になる。おまけに、わが子のふるまいにうんざりし、シーッと言って叱りつける。「お願いだから静かにして。ママに恥ずかしい思いをさせないで」

●どうしたらいいかわからず、肩をすくめ、力なく微笑む。そのせいで、子どもはいっそう図に乗り、わがままを言いつづける。しまいには泣きわめき、あなたの手に負えなくなる。

ハイム・ギノットは、同世代ではもっとも大きな影響力のあった児童心理学者だ。その彼なら、いま挙げた作戦はどれも適切ではないと言うだろう。

1960年代後半、ギノットは子育てにおける「することリスト」を提案した。ジョン・ゴットマンらの研究者が長い歳月をかけてそのリストを検証した結果、内容が正しかったうえ、きわめて先見の明があったことがあきらかになった。

親として、あなたがとるべき行動は、たったこれだけ。

子どもの気持ちを認め、共感を示すのだ。

「喉が渇いているのね？　冷たい水をごくごくっと飲んだら、すごく美味しいでしょうね。あのウォータークーラーが壊れていなければ、ママが抱っこして飲ませてあげたのに。そうすれば、好きなだけお水が飲めるのにねえ」

そんなこと言って大丈夫かと、心配になっただろうか？

だが、データが示す結論は歴然としている。

共感を示したうえで指導する戦略は、短期的に激しい感情のたかぶりを抑える唯一の方法なのだ。そのうえ長期的には、感情を爆発させる頻度も減らすことができる。

四番目の手法では親が逃げだすのではなく、子どもの反応に真正面から向かっていくことに着目してもらいたい。そして娘の気持ちを言葉で表現し、そう思うのがもっともであることを認め、理解を示していることにも。

これが共感だ。

ワシントン大学のリン・カッツは、これを「感情のコーチング」と呼んでいる。ゴットマンも同様だ。この考え方は、幸せな子どもの育て方に関するギノットの洞察から生まれている。

では、本章の冒頭で紹介したタイラー――ニンジンではなくクッキーを食べたがっていた男の子――に、レイチェルはなんと言うべきだったのだろう？　わかりきった事実を言葉にすることから始めるべきだったのだ。

「あなたはクッキーを食べたい、そうなのよね？」と。

感情は伝染する

人の気持ちは、周囲の人の感情に影響を受けやすい。もし、あなたのそばにいる人たちがおそれていたり、怒っていたり、暴力的だったりすれば、あなたも同じような気持ちに「感染」しやすくなる。ウイルスのように感染するのだ。

集団が個人の行動に影響を与える方法について調査していた研究者たちが、感情には伝染性があることに気づいた。この感情の伝染性は、ユーモアを含むさまざまな感情に見られるものだ。

あなたも長年、周囲の人のさまざまな感情に影響を受けてきている。たとえば「おもしろい」という感情をあなたに「感染」させるために、テレビのお笑い番組では頻繁に笑い声が挿入されている。

共感されると子どもは落ち着く

もうひとつの研究は、医師と患者の最適な関係の特徴をあきらかにしようとするものだった。だが、その結果を見て、研究者たちは困惑した。

カウンセリングのあいだ、心拍数と皮膚温度が患者のそれと同調したセラピストは、生理機能が同調しなかったセラピストと比較して、患者をよりよく、より速く、そしてより完全に治療していたのである。これは、「生理的同調」と呼ばれている。

こうした「共感力のある」医師に診てもらった患者は、風邪をひいても早く回復し、術後の経過もよく、合併症を起こしにくく、さらには医療ミスで訴える傾向も低かった。

医師が共感を示せば、医療費削減にも貢献できるというわけだ。

この生物学的な研究結果は、共感は人を落ち着かせるという研究結果と直結している。脳が共感を認識すると、迷走神経が身体をリラックスさせるのだ。この神経は脳幹と、腹部、胸部、首といった身体のほかの部位とをつなげている。迷走神経が過剰な刺激を受けると、痛みや吐き気を引き起こす。

練習を重ねよう

共感を一貫して示すのはむずかしい。実際に試してみて、そう思う方もあるだろう。初めての子どもが誕生したとき、これまでの生活の中心がいかに「自分、自分、自分」であったかと痛感した方もいるはずだ。でも、これからは「子ども、子ども、子ども」が中心になっていく。

とはいえ、子どもが生まれたあと、生活の中心を「自分」から「子ども」へと移行させるからこそ——共感がそうさせるのだ——あなたの子どもの脳に大きな違いが生じる。

共感は、人間の内面から泉のように湧きあがってくるように思えても、子どもがそれをうまく表現できるようになるためには、子ども自身が頻繁に共感される必要がある。

幸い、感情をコントロールする能力を授けるために、なにも一日中、子どもの感情を育む6種類のスパイスすべてを振りかける必要はない。ゴットマンによれば、**わが子とのやりとりの30%に共感がこめられていれば、幸せな子どもを育てられるそうだ**。

たしかに、私の友人のダグのような子どもを、だれもかれもが育てているわけではない。

でも、あなたにできない理由は、どこにもない。

キーポイント

- **子どもは親に見守られ、よく耳を傾けられ、反応してもらう必要がある。**
- **他人がどう考えているかを推測する。**
- **厳しいけれどあたたかい子育てを通じて、愛情を育む。**
- **子どもが共感反射する能力を伸ばす。**
  1. **あなたの目に見えている、子どもの感情について説明する。**
  2. **どうしてそうした感情の波に揺さぶられたのか、その理由を推測する。**
- **自分の気持ちを言葉で表現し、客観視する練習をする。**
- **10年間、子どもが音楽のレッスンを受けられるように貯金する。**

Part 3

道徳心のある子を育てる

第7章

脳科学的に正しい「ルールとしつけ」

「道徳心」は育てることができる

ダニエルの両親は金持ちだが、子どものしつけに関してはいわば破産寸前だった。長男のダニエルがその証拠物件Aだ。

週末、母親はダニエルと妹を車に乗せ、一家が所有する豪華な別荘に連れていった。猛スピードで高速道路を運転していると、5歳のダニエルが突然シートベルトをはずした。そして母親のスマートフォンを手にとり、いじりはじめた。

「スマホにさわっちゃダメよ」と、母親が言った。ダニエルはその言葉を完全に無視した。

「お願いだから、やめてちょうだい」と、母親が再び声をかけたが、ダニエルはただ一言、こう言った。

「イヤだ」

母親がしばらく間を置き、口をひらいた。

「仕方ないわね。じゃあ、パパに一回だけ、電話してもいいわ。そうしたら、スマホをいじるのはやめて。それにお願いだから、シートベルトを締めてちょうだい」

ダニエルはどちらの指示も無視して、スマートフォンのゲームで遊びつづけた。

数時間後、母親がガソリンスタンドで車を停めた。ダニエルは開いている窓から身を乗りだし、車のルーフによじのぼった。母親が震えあがった。

「やめなさい！」

だが、ダニエルは「うるさい！」と言い、フロントガラスを滑っておりてきた。そして車に戻り、母親が運転を再開した。ダニエルはまたスマートフォンをさがしだしたかと思うと、こんどは床に投げつけ、壊した。

この幼い暴君はそのまま成長を続け、家族のルールやマナーは簡単に無視できると考えるようになり、やがては社会のルールやマナーも無視していいと決めてかかった。

そして、どこにいようが自分の要求を押しとおすようになった。

学校では言うことを聞かない級友を殴りつけた。教師たちを烈火のごとく怒らせたが、どこ吹く風と、級友たちの物を盗んだ。ついに、彼のモラルのストッパーが完全にはずれ、ダニエルは女の子の頬に鉛筆を刺した。そして退学処分を受けた。本書の執筆時点では、家族も学校も訴訟を起こされている。

ダニエルの行動は常軌を逸していた。いや、彼の「道徳心」が崩壊していたと言いたい人もいるだろう。子どもに厳しくしつけをしないほうが、親にとっては楽だけれど、こうした手に負えない子どもと無力な親は、年々、数が増えているようだ。

愛情ある親であれば、わが子がダニエルのように育つことを願うはずがない。

本章では、そうした事態を回避する方法について説明していこう。

親は子どもの道徳心を成熟させることができる。

そして、そこには神経科学がかかわっている。

「道徳心」の定義

そもそも「道徳心《モラル》」とは、いったいなにを指すのだろう？

私たちの脳には、なんらかの絶対的なモラルが埋め込まれているのだろうか？

それともモラルは文化を吸収して、徐々に身につけていくものなのだろうか？

この問題は、何世紀にもわたって哲学者のあいだで論じられてきた。「モラル」という言葉は、ギリシア語とラテン語の両方に語源がある。もともとは行動規範の要点を述べたものであり、マナーや習慣において、「強く推奨される」ことと「してはならない」ことの要約だった。

本書では、**モラルの定義を「社会にふさわしいものとして認められた、ひとつの文化的**

集団の価値観が反映された「一連の行動」と定める。

そもそも、そうしたルールがなぜ必要なのだろう？

それは人間が進化するうえで、社会で協力していくことが欠かせなくなったからかもしれない。

道徳心――社会に認められた一連の行動をとろうとする気持ち――は、私たちが協力しやすくするために発達させたものだという説もある。たとえば頻繁に大虐殺を繰り返していると、人口が基礎集団として成り立つ1万8500人（2000人という説もある）に満たなくなり、不利益をこうむるのだ。

このように進化論の観点から見ると、私たちの脳にはもともと道徳心がわずかに埋め込まれていて、育てられ方によってある程度の変化を遂げることになる。

私たちに生来そなわっているモラルの識別能力としてよく挙げられるのが、善悪の判別、強姦や殺人といった暴力行為の禁止、共感だ。

赤ちゃんは道徳心をもって生まれてくる

このようなモラルを識別する能力が私たちの脳にもともと埋め込まれているのなら、進化論的に私たちに近い種は、同様の能力をもっているのだろうか？

　それを観察するためには、イングランドの動物園に行けばいい。


　クニという名前のメスのチンパンジーは、天井のない囲いのなかで暮らしていて、囲いの一部はガラスでできている。

　ある日、一羽のムクドリがガラスに衝突し、囲いのなかに落ちてきて、クニがそれをとらえた。ムクドリはぐったりしていたが、回復の見込みはありそうだ。すると、クニは人道主義的としかいいようがない行動を起こした。ムクドリを拾いあげ、そっと立たせたのである。だが鳥は飛ぼうとしない。そこで軽く放ってみる。やはり、飛ぼうとしない。するとクニはムクドリを片手で拾いあげ、もう片方の手を使い、いちばん高い木のてっぺんに登った。

　クニはムクドリの翼をそっと広げ、囲いの外へと放った。けれど、これもうまくいかなかった。ムクドリが溝の手前に落下すると、好奇心旺盛な若いチンパンジーがようすを見にやってきた。すると、クニはあわてて木から降りて、ムクドリを守ろうとするように立ちはだかった。その後、ムクドリが自力で飛べるようになるまで、クニはその場から離れなかった。

これはまさに驚くべき光景であり——重要なことを示している。

私たちはチンパンジーの心のなかに入っていくことはできない。だが、このクニの行動は、動物には豊かな感情があって、そこに「利他主義」のようなものが埋め込まれている可能性があることを示している。人間にはあきらかにこの利他的な性質があって、それは遺伝的に私たちと近い哺乳類よりずっと高度だ。

このように、モラルに対する意識を万人が共通にもっているのなら、そこには文化の垣根を越えたコンセンサスがあるのかもしれない。

ハーバード大学の研究者は〈モラル・センス・テスト〉を開発し、１２０以上の国の数十万人の協力者に受けてもらった。このテストで収集されたデータを見るかぎり、どうやら、人間には万人に共通する道徳心があるようだ。

人間が生まれつき道徳心をもっていることは、脳の特定の部位に損傷を負うと、ある種の倫理的な決断をくだせなくなる事例からもうかがい知れる。

「善悪を判断する感覚」をもたせるのが重要

人間が先天的に善悪の観念をもって生まれてくるのなら、どうして子どもは正しいことだけをしないのだろう――とりわけ思春期では。

通りを渡ろうとしている見知らぬ人にみずから手を貸すといった、先を読んで道徳的に正しい行動をとる理由を説明するのは、きわめてむずかしいことがわかっている。というのも、道徳を重視する思いと、実践に移す行動のあいだには、きわめて歩きにくい岩だらけの道があるからだ。

それどころか「良心」の概念は、この歩きにくい道を舗装しようとする試みから生まれたともいえる。良心があるからこそ、人はいいことをしたときにはいい気分になり、悪いことをしたときには気分が悪くなる。

ハーバード大学の心理学者、故ローレンス・コールバーグは、健全な良心はモラルの判断基準のなかでもっとも高い位置にあると考えた。だが良心は先天的に人間にそなわっているものだと、科学者全員が考えているわけではない。良心は社会で身につけていくものだと考える科学者もいる。

そうした科学者にとっては、自分のなかに社会のルールやマナーを取り入れ、自発的に道徳的行動をとるようになる「内在化」こそが、倫理観のもっとも重要な尺度となる。

なんらかの道徳的規範に逆らいたい衝動に抵抗できる子どもは、社会のルールを「内在化」できている。

どういった行為が適切かをわきまえているだけではなく、その意識に従って行動しようとできるのだ。

いずれにしろ、正しい選択をしたいという意志をもち、誤った判断をくだすかもしれないプレッシャーに耐えるのが、道徳性を発達させる最終的な目標となる。その行動を起こした結果、罰を与えられたり、報酬を得られたりする可能性がなくても、正しい行動を選べるようになるのだ。

この道徳性発達理論を基盤に考えると、**あなたの育児の目標は、「善悪を判断する感覚」を子どもに与え、それを意識させ、一致した行動をとらせることにある。**

子どもにそうした意識をもたせるには時間がかかる。

ものすごく、時間がかかるのだ。

2時間に1度ウソをつく4歳児

時間がかかる理由のひとつは、子どものウソのつき方が年齢とともに変化するからだ。子どもはウソをつくのが下手だ――少なくとも、初めのうちは。

子どもの頭のなかにはふしぎな魔法の世界があって、それが現実なのか空想なのか、当初、本人には区別がつかないこともある。お子さんが空想上のごっこ遊びに夢中になっているようすを見れば、あなたにもそれがわかるだろう。

子どもは親のことを全知全能だと見なしていて、その思い込みは思春期までは完全には破壊されない。けれど、3歳を迎える頃には、自分の本心を親が見抜くとはかぎらないことを察しはじめる。うれしいことに（親にとってはおそろしいことに）、親にニセの情報を教えて、素知らぬ顔ですごせることがわかるのだ。というより、親をだませると思うのだ。

3歳になると、子どもは熱心にウソをつきはじめるけれど、それはたいていバレるウソだ。子どもは、この悪習慣を驚くべきスピードで身につける。

4歳頃になると、子どもは2時間に1度くらいの頻度でウソをつくようになり、6歳頃には、1時間半に1度はウソをつく。語彙が増え、さまざまな社会経験を積むにつれ、ウソはどんどん洗練されていき、子どもは当然のようにウソをつくようになり、いっそう見抜かれにくくなる。

そして、自分の本心を他人に読まれるとはかぎらないと子どもが理解するようになると、「心の理論」と呼ばれる能力が開花しはじめる。

「心の理論」は時間をかけて発達する

「心の理論」とはいったいなにを指すのだろう？　ある小説を例に挙げて説明しよう。

作家アーネスト・ヘミングウェイは、かつてたった六つの単語でひとつの小説を書こうとした。次に紹介する彼の作品は「心の理論」の完璧な実例だ。

これを読めば、読者のみなさんの「心の理論」もきっと活性化されるはずだ。

For sale: baby shoes, never worn.（売ります。ベビーシューズ。未使用）

このたった六つの単語を読んで、あなたは悲しくなっただろうか。これを書いた人物の身にいったいなにが起こったのだろうと、思わず想像しただろうか。この人物の心理状態に思いを馳せただろうか。

大半の人は、そうしたはずだ。

そして私たちは、そうした推量を「心の理論」の能力と呼んでいる。

この基盤をなしているのが、他者の行動がさまざまな心理状態――信条、意志、願望、認識、感情――を動機としていることを理解する能力だ。

最初に「心の理論」を提唱したのは、著名な霊長類学者のデイヴィッド・プレマックで、「心の理論」には一般に二つの要素があるとした。

ひとつは、他者の心理を察する能力。

二つ目は、他者の心理状態は自分とは違うかもしれないが、自分と交流している相手にとってはそれが正当であるという理解だ。たとえ自分の心とは違っていても、他者の心がどのようにはたらいているのか、推測して仮説を立てるのだ。

先に紹介した六つの単語は、生後間もないわが子を亡くした夫婦が書いたのかもしれず、あなたはその悲嘆を感じとっている。あなたは、わが子を亡くした経験がないかもしれない。子どもをもったことさえないかもしれない。それでも高度に発達した「心の理論」の能力を駆使すれば、その夫婦が体験したことを自分も経験したように思い、共感を覚えるのだ。

世界でもっとも短いこの小説は、感情という不変の世界を見事に描きだしている。ヘミングウェイは、これを自身の最高傑作と見なしていたという。

「心の理論」は人間特有の能力ではあるけれど、赤ちゃんがこの世に誕生した時点で完全に発達しているとは考えられていない。乳幼児の心理状態を測定するのは困難をきわめるとはいえ、人間は社会で経験を積むうちに、しだいにこの能力を獲得していくようだ。「心の理論」の能力——だれかの心のなかをのぞき、自分がこう言ったら、相手はどう思うだろうと予測する力——は、時間の経過とともに発達するのだ。

道徳的推論能力が発達する三つの過程

心理学者ローレンス・コールバーグは、道徳的推論とは総合的な認知機能の成熟度次第だと考えていた——つまり、こうした能力の発達には時間がかかると指摘したのだ。

コールバーグは、道徳性が発達する過程の概略を次のように説明した。

1. 罰を受けないようにする

道徳的推論能力は、かなり原始的なレベルから始まり、最初は罰を受けずにすむことを目的としている。コールバーグは、この発達段階を「慣習的水準以前の道徳的推論」と呼んでいる。

2. 結果を考慮する

心が発達するにつれ、子どもは自分の行動がもたらす社会的な結果を考慮するようになり、みずから行動を調整するようになる。コールバーグは、この段階を「慣習的水準の道徳的推論」と呼んでいる。

3. 普遍的な道徳の原理に基づいて行動する

ついに、子どもは考え抜かれた客観的な道徳の原理に照らしあわせて、みずからの行動を選ぶようになる。ただ罰を受けたくないからとか、仲間に受けいれられるからといった理由だけでは、行動を起こさなくなるのだ。コールバーグはこの待ち望まれた段階を、「慣習的水準以降の道徳的推論」と呼んでいる。世の親は、この段階に子どもが到達することを目標にしているといえるだろう。

子どもが自力で、この第三の段階に到達するとはかぎらない。

もちろん時間と経験は必要だけれど、生来そなわっている道徳の原理と行動が一致するように子どもを導く聡明な親も必要となる。ところが、これを親が実践するのは骨が折れる。

というのも、子どもは悪いおこないを目の当たりにすると、それを覚えるからだ。たとえ、子どもが悪いことをしたあとで、親が懲罰を与えたとしても、子どもの脳のなかではつねにその悪いことにアクセス可能となっている。心理学者のアルバート・バンデューラはピエロの人形の力を借りて、それを証明した。

他者の行動から学ぶ「観察学習」

1960年代、バンデューラは園児たちにピエロの人形を撮影したビデオを見せた。ビデオでは、スーザンというおとなの女性が人形を殴ったり蹴ったりしたあと繰り返しハンマーで叩くなど、まさに暴力満載のシーンが続いた。

ビデオ上映が終わると、園児たちはおもちゃがたくさん置いてある別室に連れていかれた。そこには、人形のボボとおもちゃのハンマーが置いてあった。

さて、園児たちはいったいどうしただろう？　それは、場合によって異なる。

スーザンが暴力をはたらいたあとに褒められるビデオを見ていた子どもたちは、かなりの頻度で人形をぶったり叩いたりした。

ところが、スーザンが罰を受けるビデオを見ていた子どもたちは、人形を叩く頻度が少なかった。

だが、そこにバンデューラがやってきて、「スーザンと同じことをしたら、ご褒美をあげるよ」と言ったところ、子どもたちはハンマーを手にとり、人形を勢いよく叩きはじめた。この暴力行為をはたらいた結果、報酬を受けられるか罰を受けるかによって、選択する行動を変えたのである。

バンデューラは、これを「観察学習」と呼んでいる。彼は、子どもが（おとなも）他者の行動の観察によって多くのことを学習している事実を示したのだ。

これを利用すれば、すばらしい結果を生みだすこともできる。メキシコで放映されたある連続メロドラマで、登場人物たちが「読書はすばらしい」と賛美し、「読み書きの授業を受けましょう」と奨励したところ、全国の識字率が上昇した。

「観察学習」は、道徳性の発達において重要な役割をはたしている。脳のなかで道徳観を育むうえで利用する技術のひとつなのだ。

では、その手法を紹介しよう。

5人の命を救うために1人を殺しますか？

次の二つの状況を想像して、自分ならどうするか、考えてもらいたい。

1．あなたはブレーキがきかなくなったトロッコに乗っている。**あなたは運転手で、操縦はできる**。トロッコが猛スピードで走るなか、ふいに、レールの先が二股に分かれていることに気づく――そしてその先の光景も視界に飛び込んでくる。どちらのレールの先にも作業員がいるのだ！　あなたは恐怖に凍りつく。レール分岐点の左の先には、5人の作業員がいる――そして右の先にいる作業員は1人だけだ。このままでは間違いなく、トロッコで作業員を轢き殺すことになる。**あなたは左と右、どちらのレールを進むことを選ぶ**だろうか？

2.**あなたは橋の上にいて、眼下のレールをトロッコが暴走していくようすを見ている。**レールの先に分岐点はない。そして、あなたの横には巨漢が1人、立っている。どうやらブレーキがきかなくなったトロッコは、いまにも橋の真下に走ってきそうだ。だが、その途中のレール上にいる5人の作業員は、このままでは轢き殺されてしまうだろう。でもその前に、**隣に立っている大男を橋から突き落とせば**、トロッコは大男にぶつかって止まるだろう。そうなれば、5人の作業員の命は救えるが、大男が命を落とすことになる。さて、あなたなら、どうするだろう?

どちらの場合も犠牲者がでる割合は同じで、5対1だ。

おおかたの人は、最初の問いに答えるのは簡単だと考える。大勢の窮地を少数の窮地より重視するからだ。だから1の場合は、分岐点で右側に進むことにする。

だが二番目の状況では、まったく異なる観点から選択をしなければならない。ひとりの人間を殺すかどうかを決断しなくてはならないのだ。すると、**おおかたの人は大男を殺さないほうの選択肢を選ぶ**。

ところが脳に損傷を負っている人の場合は、結果が異なる。目の上、額の裏あたりには前頭前野腹内側部があり、ここに損傷を負うと道徳的な判断に影響が及ぶからだ。自分が殺人を犯す事実があろうと、なんの関係もなく行動を選ぶようになる。だから、大勢の命を救うためなら、大男を橋から突き落とす――1人を殺して、5人の命を救うのだ。

●道徳心と脳の関係

いったい、これはなにを意味しているのだろう？

道徳心が脳の神経回路に生まれつき埋め込まれているのであれば、その部位に損傷を負えば、道徳がかかわる決断をくだす能力に変化が生じて当然だ。

そのいっぽうで、この「トロッコ問題」を利用した実験はなんの事実も示してはいないと考える研究者もいる。仮説の上での決断と、現実、すなわち瞬時の判断を迫られる場面で生身の人間がくだす決断はまったくの別物だというわけだ。

さて、この論争に出口はあるのだろうか？

出口はあるのかもしれない。

ここで、200年以上前に逝去した哲学者たちの思想を参考にさせてもらおう。デイヴィッド・ヒュームといった哲学の巨人たちは、倫理観は情念から生まれると考えていた。現代の神経科学は、ヒュームが正しいほうに賭けている。

道徳的推論をするうえで、脳には2種類の神経回路がそなわっているという説もある。この2種類の神経回路が頻繁に口論をすると、道徳的な葛藤が生じるというわけだ。最初の回路は、モラルにかかわる決断を理性的にくだす。先ほどの例でいえば、1人の命を救うよりも5人の命を救うほうが理にかなっていると考えるのだ。

二番目の回路は、もっと個人的な感情に訴える。この神経回路のニューロンは、大男がどんどん落下していき、死にいたる場面をあなたに想像させ、遺族の心情にまで思いを馳せさせる。そしてついには、彼の死んだ責任はあなたにあるという事実を突きつけるのだ。

このように、ヒュームのような観点から決断をくだそうとすると、たいてい脳を一時停止させ、どちらの選択もできないと拒否権を発動させることになる。脳の前頭前野腹内側部が、この哲学的な対立を調停しようとするのだ。だからこそ、この部位に損傷を負うと、ヒュームの説は通じなくなる。

感情を失うと、決断できなくなる

道徳心のある子どもを育てたい親にとって、これはなにを意味するのだろう?

前章で述べたように、感情は子どもの幸福の基盤をなしている。そしてまた、**感情は道徳的な決断をくだす際の基盤でもあるようだ**。

神経科学者のアントニオ・ダマシオは、エリオットという名前の男性の観察を続け、驚くべきことを発見した。エリオットの例は、かの有名な一九世紀の鉄道技術者フィネアス・ゲージ（鉄の棒が前頭葉を貫通するというおそろしい事故にあい、生還したものの、まったくべつの性格になってしまった）とよく似た臨床例だ。ただし、エリオットの場合は事故ではなく腫瘍によって脳に損傷を負った。外科医がエリオットの前頭葉から腫瘍を切除したあと、ゲージと同様、エリオットの人格はまったく変わってしまったのである。なかでも、着目すべき異常な変化が四つ見られた。

以前は責任感が強く、コミュニティーでは立派なメンバーだったエリオットは、**衝動的になり、自制心がなくなり、だらしなくなり、妻、仕事、コミュニティーの地位を失うまでに社会性を失った**。その後、彼は破産した。

よく似たことが、一世紀以上前にゲージの身にも起こっていた。興味をもったダマシオは、エリオットに一連の認知機能テストを受けてもらった。IQテストやその他の記憶力を測定するテストでは、エリオットはすばらしい結果をだした。またある種の性格テストでは、ごく平均的なスコアをだした。では、いったい彼になにが欠けていたのだろう？

そのヒントは、エリオットに見られるようになった術後の二つ目の変化にあった。つまり、エリオットは**感情を示せなくなった**のである。通常であれば人の感情をかき乱す画像（むごたらしい流血シーン、性行為を連想させるような写真など）を見せても、エリオットに生理的変化はまったく見られなかった。

そして三つ目の変化こそ、エリオットが負った最大の傷であり、それほど害がないように思われるからこそ、異常な変化だった。

エリオットは**「決断する能力」を失ったのである**。

たとえば、どのレストランに行くべきか、そこに入ったらなにを注文すべきかも、決めることができない。どのラジオ局を聴けばいいのか、どのペンで書けばいいのか、どんな順序で作業をおこなえばいいのか、まったく決められなくなったのだ。

エリオットの例を観察したダマシオは、もうひとつ、四つ目の変化に気づいた。

エリオットは、**道徳的な観点からものごとを判断できなくなっていたのだ**。

決断力がなくなった結果、離婚や破産を余儀なくされたことも、社会的立場を失ったことも、まったく気にかけていなかった。抽象画を利用したテストを実施したところ、エリオットには善悪の区別がつくという結果はでたものの、彼の行動を見るかぎり、善悪が判別できているとは思えなかった。エリオットは自分がかつてそうした感情をもっていたことを覚えてはいたけれど、その記憶は道徳という霧のなかにすっかりかすんでいた。

哲学者のパトリック・グリムが観察したように、エリオットがしたことは、彼が知っていたことと乖離していたのである。

これは驚くべき発見だった。エリオットは**日常生活における決断に感情面での反応を組み込むことができなくなったからこそ、判断力を失ってしまったのである。**道徳的な基準をもとに判断をくだすことも含め、意思決定にかかわる機能が完全に麻痺したのだ。

ほかにも複数の研究が、「感情を失うと意思決定ができなくなる」ことを裏付けている。

2歳未満で前頭前野の腹内側部と最前部に損傷を負った子どもは、エリオットによく似た症状に苦しんでいることもあきらかになっている。

道徳心のある子どもを育てる三つの柱

するとこんどは、こんな疑問が浮かんでくる。

子どもの心に道徳心を与え、「道徳的価値観の内在化」という究極の目標を達成するには、どうすればいいのだろう?

道徳心のある子どもを育てている親は、ルールやしつけに関して一定のパターンに従っている。そのパターンは「これをしてはならない」「これをすべきだ」など、細部まで定められているわけではないけれど、ある程度までは決められている。このパターンにはさまざまな要素がからみあっているので、私の妻のキッチンにたとえて説明しよう。

冷蔵庫のそばに3本脚のスツールが置いてあって、幼い息子たちが庫内から食品をとりだす際に利用していた。このスツールの座面部分を、「道徳心の発達」あるいは「良心」になぞらえよう。そして3本の脚それぞれが、それを支えるうえで必要なものとして研究者が認めているものだ。子どもに頑丈な座面をもたせるには、3本の脚、すべてが必要となる。この3本脚が揃えば、その場に応じた柔軟性のある道徳心を育むことができるのだ。

その3本脚とは、以下のとおり。

●一貫した明確なルールと報酬
●すばやい懲罰
●しっかりと説明されたルール

あるテレビ番組のシーンから、これらの要素を説明していこう。

①一貫した明確なルールと報酬

食卓に座っている幼い男の子が「アイスをよこせ、いますぐ！」と命令し、弟をげんこつでぶつ。ママとパパはぎょっとしたような表情を浮かべる。食卓にはもうひとり、イギリス英語のアクセントで話すふくよかな女性が座っていて、悠然とした態度を崩さない。ところが、まるでテストでもするように、彼女はなにやらメモをとっている。

「どうなさるおつもりですか？」と、彼女は両親に穏やかに尋ねる。男の子が弟をまたげんこつでぶつ。「もう一度したら、デザートはとりあげますよ」と、ママが長男に向かって厳しい口調で言う。

けれど、長男はまた弟をぶつ。ママは目の前の皿に視線を落とす。パパは怒りをあらわにしたまま、視線をそらす。どうやらこの両親は、イギリス女性の質問にどう答えればいいのか、見当もつかないようだ。

子守がさまざまな家庭に入り込んでいくテレビ番組の世界へ、ようこそ。あなたも、このたぐいのリアリティー番組をご覧になったことがあるかもしれない。この手の番組には暗黙の了解がある。あきらかに手に負えなくなった子どもがいる家庭にテレビ局のクルーが入り込み、プロの子守が子どものしつけをするようすを撮影するのだ。

子守はたいていおごそかな口調で話し、有無を言わさず家のなかを掃除する。子守はそれぞれの家庭で1週間をすごし、お手上げ状態だった両親に愛情あふれるしつけをできるようにさせ、悪ガキを天使に変貌させるのだ。

ある放送では、こんなシーンがあった。

よちよちと歩きはじめたエイデンは、ベッドに行きたくないと泣きわめいている。両親が「電気を消しますからね――、こんどは本気よ」と言ったところで、ほんとうに消しはしないことがわかっているのだ。就寝時刻が決まっているとしても、その時刻が宣言されることはないし、なんの効力もないため、子守は眉をひそめる。その結果、エイデンがベッドに行くまでに何時間もかかる。

べつの放送回では、マイクという男の子がうっかり階段でつまずき、抱えていたたくさんの本を落としてしまう。男の子は身を縮め、どこかに隠れようとする。機嫌の悪い父親から怒鳴られるにちがいないと思ったのだ。案の定、男の子は父親から激しい叱責を受ける。すると、子守が親子のあいだに割って入る。男の子のところに歩いていくと、本を拾いあげるのを手伝い、悲しそうな口調でそっと声をかける。

「すごくこわそうね、マイク。パパがこわいのね？」

幼いマイクはうなずき、あわてて階段を駆けあがっていく。その日の夜遅く、子守はまるでブリティッシュ・ブルドッグのように父親に噛みつき、「子どもには安心感を与える必要があるのです」と諭す。


べつの回では、アマンダという女の子が、寝る時刻になったらひとりでベッドに行く練習をしている。これまでは、絶対にイヤだと思っていたのだ。ところが、せっかく努力しているのに、両親はまったく気がつかない。双子の弟たちを追いかけ、歯を磨かせようと必死だったからだ。双子との追いかけっこを終えると、両親はすぐにテレビの前に陣取ってしまう。すると子守がアマンダに布団をかけてやりながら、こう褒める。

「なんてえらいんでしょう。ひとりで全部がんばったんだもの。それに、なんにも文句を言わずに！　すばらしいわ！」


この手のテレビ番組で子守が示す解決策のなかには、イライラさせられるものもあるけれど、まさに正解を示していることもある。

子守は、しつけの3本脚のひとつである行動科学に従っている。つまり、**一貫性のあるルールを守らせ、ルールを守れば報酬を頻繁に与えているのだ。**

では、次に挙げる四つの育児法に留意して、子守の行動を振り返ってみよう。

●道理にかなっている、明確なルール

先のエイデンの例では、この男の子には就寝時刻が決められていないか、当人が決められた就寝時刻を無視しているかのどちらかだ。

彼を誘導できるのは親の行動だけなのだが、親の態度はあいまいだ。エイデンはなんの指導も受けないまま、あわただしい1日の終わりで疲れていて、もう社交力を使いはたしている。泣きわめくのも仕方がない。

さて、子守はどんな方策をとるだろう？　翌日、彼女は具体的なルールと行動目標を書きだした図表――理にかなっている就寝時刻も書き込まれている――をもってきて、家族全員が見られる場所に貼りつける。この図表は日常生活を送るうえでの明確な拠り所となり、**現実的で、明確で、だれの目にも見えるルールを明示している。**

●ルールを守らせるときにはあたたかく接し、子どもを丸ごと受けいれる

本を落としてしまったとき、あわてて隠れようとしたマイクには、間違いなくこれまでに怒鳴られた経験があった。恐怖に身をすくめたのは、その瞬間、子どもが危険を察した明確なサインであり、ふだんから安心感を覚えていないのかもしれない。そして実際、うっかり本を落とすという、なんでもない行為で怒鳴られたのだから、やはりふだんから安心して生活できていないのだろう。

これは子守にとっての警告フラグだ。そこで彼女は男の子を安心させようと話しかけ、すぐに共感も示したあと、マイクの父親を叱責し、お子さんの行動を変えたいのなら、もっと穏やかに、もっと冷静な反応をしなければならないと諭した。

読者のみなさんは、脳がなによりも関心をもっているのは「安全」であることをもうご存じだ。**安全な環境でない場合、脳はどんな行動のルールにも従おうとしない**。ただひたすら、脅威から逃れようとする。いっぽう、**あたたかく接してくれる親が自分を丸ごと受けいれてくれる場合、子どものなかに道徳心が根づきやすくなる**。

だから、きわめて明確なルールを定めよう。そして、特定の方法で実施しよう。

そのうえで、子どもがきちんとルールを守ったときには、親が踏むべき二つのステップがある。

子どもがルールを守ったら、そのたびに褒める

科学者たち（そしてよき親たち）は、子どもが望ましい行動をとるたびにご褒美をあげれば、子どもがその行動をとる頻度が高くなることを、以前から知っていた。たしかに子どもはお仕置きに反応するけれど、賞賛にも反応する。この原理を利用すれば、よりよい成果をあげられるようになる。行動主義の心理学者たちは、これを「正の強化」と呼んでいる。この手法を利用すれば、まだとったことのない行動をとるよう、子どもを励ますこともできる。

たとえば、あなたのお子さんが3歳の男の子で、最近、室内で座ってばかりいるとしよう。幸い、まだ親の注意を引きたい年頃の息子に、あなたはもっと外で遊んでほしい、裏庭のブランコにもっと乗ってほしいと思っている。ところが、息子はめったに外にでようとさえしない。

さて、あなたはどうするだろう？

3歳児がブランコに乗るまでじっと待つのではなく、玄関のドアの近くに行くたびに褒めれば、その行動を強化できる。しばらくすると、息子は以前より長い時間、ドアのそばですごすようになるだろう。そうなったら、こんどは息子がドアを開けたときにだけ、褒めるようにする。その次は、息子が外にでたときにだけ、褒めるようにする。その次は、

ブランコのそばで時間をすごしたときにだけ褒める。そしてついに、息子はブランコに乗り、あなたと一緒に遊べるようになるだろう。

このプロセスは行動形成《シェイピング》と呼ばれていて、これを利用したのがシェイピング法だ。シェイピング法にはかなりの忍耐力が必要となるが、それほど時間はかからない場合が多い。著名な行動主義の心理学者B・F・スキナーは、このシェイピング法を利用して、まるで読書をしているかのように一羽のニワトリに本のページをめくらせた。これには20分もかからなかったという。

人間の場合はニワトリよりはるかに簡単に、行動を形成させることができる。

●悪いことをしなかった場合にも褒める

さて、両親がテレビを見ているあいだにひとりでベッドに入った女の子、アマンダの話に移ろう。アマンダは駄々をこねるような真似をしなかったのに、親はまったく褒めなかった。でも、子守は褒めた。

悪いことをしなかった場合にも褒めるのは、いいことをした場合に褒めるのと同じくらい重要だ。

研究者たちは、この四つの育児法の効果を測定してきた。子どもとあたたかく接し、子どもを丸ごと受けいれる親が理にかなった明確なルールを設け、子どもがいいことをしたときと悪いことをしなかったときに褒めれば、たいてい4、5歳になる頃には、子どもは道徳的価値観の内在化をはっきりと示すようになる。

バウムリンドの説にあてはめれば、これは金メダル級に信頼の置ける育児法だ。道徳心のある子どもを育てるために必要なツールはほかにもあるが、統計から見るかぎり、こうした育て方をしない場合、いい子には育たない。

自分の行動をかえりみる

あなたは自分の行動をかえりみているだろうか？

親に行動をあらためさせるうえでむずかしいのは、自分の行動が子どもの目にどう映っているかを理解させることだ。

先ほどのテレビ番組では、子守が家族の日常生活のようすを撮影し、ビデオにおさめて親に見せた。そして、家族一人ひとりが発信しているシグナルをさがしてもらい、それを指摘させた。研究者もこれと同じ手法を用いている。

オランダのライデン大学のマリアン・ベイケルマンス＝クラネンブルクは、1歳から3歳の子どもがいる120の家庭にビデオカメラを設置した。

その後、彼女とスタッフはここぞというシーンを編集してビデオにまとめ、親のためにレッスンプランを立てた。子どもの行動に目をこらし、それまで見逃したり、誤解したりしていたシグナルを見つけなさいと、親に指導したのである。親はまた、子どもに対しては逆効果であると証明されている行動の例を見せられた。親がそうした行動をとると、子どもは悪い行動をとるようになるのだ。

このビデオ学習を受けた結果、子どものわんぱくなふるまいが16％以上も減少した！ この分野では、大きな成果があったといえる。あるインタビューでベイケルマンス＝クラネンブルクは、ビデオ学習をした親たちが「もう無理だと思ってあきらめていた穏やかな時間」をすごせるようになったと述べている。

②すばやい懲罰

では、どうすればわが子にかならずルールを守らせるようにできるのだろう？

好ましくない行動をどうすれば子どもにあらためさせ、その変化を子どもに内在化させることができるのだろう？

その答えは「しつけ」だ。

●引き算による足し算——負の強化

研究者はしつけの方策を2種類に分けている。「負の強化」と「懲罰」だ。

どちらも嫌悪する状況に対応する手法で、「負の強化」ではその行為をするように強化し、「懲罰」を与える手法ではその行為をしないように弱化する。

みなさんにも子どもの頃、やけどを負った指をすぐ水に浸せば痛みがやわらぎ、不快感から解放された体験がおありだろう。ある反応をしたところ、効果が得られた場合、私たちはその行為を繰り返しおこなおうとする。次にやけどを負った——嫌悪刺激を受けた——ときに、そばにある水道の蛇口に走っていく確率は何倍にもはねあがる。

これが「負の強化」であり、その行為によって嫌悪刺激を排除（または回避）できるため、同じ反応が強化される。これは、その行為をすることですばらしい経験ができる「正の強化」とは異なる。「負の強化」にも同等の効果があるけれど、**どんなときに実施するのかに関しては慎重にならなければならない**。

●気を引きたい子どもへの接し方

私の知り合いに、ママの気を引きたくてたまらない女の子がいた。彼女の「魔の2歳児《テリブルツー》」

は、階段の上からしょっちゅうおもちゃを投げる行為で始まり、しまいに家族全員がまいってしまった。当人はこの無作法が楽しくて仕方ないようで、やがて階段の上からいろいろな物を放り投げるようになり、とくに好んで選んだのが母親の本だった。

母親は読書家だったため、さすがに堪忍袋の緒が切れた。母親は娘をやさしく諭そうとしたけれど、何度話をしても悪行はあらたまらず、しまいに怒鳴りはじめた。そしてついに、お尻を叩くお仕置きをしたものの、娘はあいかわらず階段の上から物を投げつづけた。

なぜ母親の戦略はうまくいかなかったのだろう？

それは、母親がお仕置きをすることで、この女の子は自分がなによりも強く望んでいたものを手に入れたからだ――ママが自分だけに注意を向けてくれることを。

この場合の最善の対処法は、悪さをしたときに母親が娘を完全に無視することだ。つまり、階段での悪さと母親の注意の因果関係をいったん破壊するのだ。

その代わり、娘が家族のルールを守ってお行儀よくしていたときには、娘にだけ注意を向け、豊かな交流を楽しめばいい。

私のアドバイスに従い、娘が本を投げるのではなく本のページをひらくと、母親は惜しみなく褒めつづけ、娘にたっぷりと注意を払った。するとほんの数日で、娘は本を投げるのをやめたのである。

ときにはもっと直接的な介入が必要な状況もある。その場合には懲罰を与えるべきであり、これもまた「負の強化」と密接に関係している。

専門家のあいだでは、懲罰には二つのタイプがあるとされている。

●間違いをさせる——返答型弱化

第一のタイプは「返答型弱化」と呼ばれる懲罰だ。これは、思わず反射してしまう性質を利用している。たとえばコンロにさわれば、すぐに手はやけどを負い、もうコンロにはさわってはならないと学習する。この無意識に身につける習性には大きなパワーがある。

研究によれば、**子どもはみずから間違いを犯すことを認められ、その結果を身をもって体験したときに、その行為をしてはならないと強く肝に銘じる**。ひとつ、例を挙げよう。

この前、携帯電話ショップにでかけたら、息子が短気を起こして、店のなかで泣きわめいて、靴も靴下も脱ぎ捨ててしまった。でも私は、靴をはきなさいと命令しなかった。その代わりに、店の外にでて、しばらく雪の上をはだしで歩かせることにした。すると2秒後、息子は「ママ、お靴はきたい」と自分から言いだした。

これは、もっとも効果があるとよく知られている懲罰の手法だ。

おもちゃをとりあげる——除去的弱化

第二のタイプは親がなにかをとりあげる懲罰で、その名も「除去的弱化」という手法だ。

たとえば、あなたの息子が妹をぶったとしよう。そこであなたは、友人のお誕生会に息子を行かせないことにする。

もしくは、タイムアウト〔部屋の隅や別室などにしばらく座らせたり立たせたりするお仕置き〕をおこなう。ある母親は、この処方の効果を次のように述べている。

1歳10か月になる息子が、今夜、また夕食のときに癇癪を起こした。皿に載っている食べ物が気に入らなかったのだ。そこで、私は息子にしばらくタイムアウトさせることにして、べつの場所に連れていき、わめくのをやめるまでそこに座らせておいた（2分ほどかかった）。それから息子を食卓に戻した。そうしたら、驚くべきことに、これまで癇癪を起こしたら絶対に食べなかった息子が、初めて食事に手をつけたのだ！ ひき肉とマッシュポテトのハンバーガーを食べたのだ！

どちらのタイプの懲罰も、適切に実施すれば、子どもの行動を変え、それを持続させる力を発揮する。とはいえ、確実に効果をあげるには、特定のガイドラインに従わなければならない。懲罰の効果には限界があるからだ。

●その行動を起こさないように抑制はできても、悪さをする方法を子どもが学ばないように妨ぐことはできない。

●懲罰を与えるだけでは、なんの指導にもならない。きちんと時間を割き、子どもを諭すこと。さもないと、悪さをはたらく代わりにどんな行動をとればいいのか、子どもにはわからない。

●懲罰を与えれば、子どもにはかならず負の感情が残る。罰を受けて恐怖心を覚えたり、怒りを感じたりするのはごく自然な反応だ。誤った方法で懲罰を与えようものなら、逆効果が生じる危険があるし、親子関係に大きなダメージを残すおそれもある。

効果のある懲罰とは

子どもにお仕置きをせずにすませられるわけがない。ここで1979年の映画「クレイマー、クレイマー」の一場面を紹介しよう。離婚に向けて別居を始めた夫婦と、その幼い息子がどれほど大きな影響を受けるかをていねいに描いた名作だ。

ダスティン・ホフマンが演じる父親は、仕事中毒でそれまで家庭をまったくかえりみてこなかった。

そのシーンは、幼い男の子が夕食を食べるのをイヤがり、代わりにチョコチップ・アイスクリームを食べたいと言い張るところから始まる。

「夕食を全部食べるまで、アイスはダメだ」と、パパは注意する。ところが息子はパパのことなど無視して、冷蔵庫の前で椅子に乗り、冷凍室のほうに手を伸ばす。「やめたほうがいいぞ！」と、パパが忠告する。息子はかまわず冷凍室を開ける。

「いい子だから、そこでやめておけ。やめろと言ったら、やめるんだ」

ところが、息子はアイスクリームをもってテーブルに戻ってくる。まるでパパの姿など目に見えないかのようだ。

「おい！　聞こえないのか？　いいか、ひと口でも食べてみろ、お仕置きするぞ！」

息子はアイスクリームにスプーンを突っ込み、じっとパパの顔を見る。

「やめろ！　アイスクリームを口に入れたら、パパはもう手加減しないからな！」

息子が大きく口を開ける。

「そこでやめておけ！」

息子がついにアイスクリームを口に入れる。パパは息子を椅子から抱えあげ、子ども部屋に放り込む。

「パパなんか、大きらい！」と、子どもが叫ぶ。

「パパだって大きらいだ、この悪ガキ！」

そう叫ぶと、父親は乱暴にドアを閉める。

あきらかに、ここに冷静沈着な頭脳はない。

懲罰を与えて効果をあげたいのなら、次の四つの指針を参考にしてもらいたい。

●あくまでも懲罰でなければならない

懲罰は厳しく実施しなければならないが、それは子どもを虐待するという意味ではない。ただ、甘いお仕置きではなんの効果も得られない。子どもに嫌悪刺激を与えて成果をあげるには、そのお仕置きを子どもが嫌悪しなければならない。

●一貫している

懲罰は一貫しておこなわなければならない——子どもがルールを破ったら、かならずお仕置きをするのだ。コンロに触れてやけどをしたら、もう二度とコンロに触れようと思わなくなるのは、「さわればやけどする」という行動と結果がつねに変わらず一貫しているからだ。同じことは、懲罰にもあてはまる。例外を認めれば認めるほど、その行動をあらためさせるのはむずかしくなる。

一貫性とは、翌日になってもルールが変わらないだけではなく、子どもの世話にあたる人全員がそのルールを共有することを指す。家族全員が、家庭のルールと、それを子どもが守らなかったときの結果について同じ認識をもつ必要があるのだ。懲罰は当然ながらイヤなものだ――だれだって懲罰から逃れたいと思うし、子どもは抜け道を見つけるのが信じられないほどうまい。だから、子どもに道徳心という強靭な背骨をもってもらいたいのなら、世話する人のあいだで意見の食い違いがあってはならない。さもないと、子どもの道徳心はやわな軟骨になってしまう。

●その場ですぐにお仕置きをする

棒をくちばしでつつかせる訓練を鳩にしているとき、それを強化する行為が10秒遅れれば、訓練を一日中続けたところで、鳩はなにも覚えない。その遅れを1秒に縮めると、鳩は15分もあれば棒をつつく行為を覚えるはずだ。人間の脳は鳩と同じではないが、罰を与えられる場合でも、報酬を与えられる場合でも、それが遅くおこなわれれば、似たような反応を示す。ルール違反をしたときすぐに罰を与えられれば、その行動を起こしてはならないことを覚えるようになる。

●子どもが安心感を覚えていられる

お仕置きをする際は、子どもが安心感を覚えられるあたたかい環境をととのえなければならない。たとえ親から厳しい罰を受けても、子どもが安心していられれば、懲罰は最大の効果をあげる。この「安全」を求める進化的な欲求が強力であるため、ルールが存在すること自体に安心感を覚える子どもがいるほどだ。「そっか、ぼく（わたし）のこと、本気で気にかけてくれているんだな」と、子どもは（どんな年齢であろうと）思うものだ――とりわけ感謝しているようには見えなくても。

ところが、子どもが安心感を覚えられない場合、前述の三つの指針を守ったところで、なんの効果もあげられない。それどころか、害を及ぼしかねない。

③しっかりと説明されたルール

では、懲罰の効果を発揮させ、長続きさせ、子どものなかで内在化させるためのシンプルな方法とはなんだろう？

それは世の親が知りたくてたまらない方法であると同時に、子どもの道徳心を育むうえで必要な3本目の脚でもある。

さまざまな実験をおこなった結果、どんな命令をしたときにも、ひとつの文章をつけくわえるだけで魔法をかけたように大きな効果を得られることがわかった。

理由の説明がない

「あのワンちゃんにさわっちゃダメよ。さもないと、タイムアウトだからね」

理由の説明がある

「あのワンちゃんにさわっちゃダメよ。さもないと、タイムアウトにしますからね。あのワンちゃんはね、気が短いの。嚙まれたら困るでしょ」

どちらの言葉に対して、あなたなら肯定的な反応をするだろうか？

よほどのへそ曲がりでないかぎり、二つ目の言葉のほうが素直に受けいれられるはずだ。

きちんと理由を説明すれば、子どもがその命令に従う確率は急上昇する。

理由を説明する際には、なぜそのルールがあるのかをきちんと述べ、それを守ればどのような結果になるかもしっかりと伝える（この手法はおとなにも効果がある）。これは、子

どもがルールを守らなかったあとでも活用できる。

たとえば、あなたのお子さんが静まりかえった劇場で大声をあげたとしよう。その後、あなたは子どもに罰を与えるけれど、劇場で大声をあげた結果、ほかの人たちがどれほど迷惑したかという説明もしなければならないし、きちんと謝るなど、なんらかの行動を起こす必要があることも伝えなければならない。

子育ての専門家たちは、これを「誘導的しつけ」と呼んでいて、この手法には大きな効果がある。道徳心を成熟させた子どもの親たちは、この手法を実践しているのだ。そして心理学者たちには、この手法が有効な理由がわかっている。

たとえば、幼いアーロンが学校で試験を受ける直前に道徳に反する行為をして――クラスメートのジミーから鉛筆を盗んだのだ――罰を受けたとしよう。その罰は、引き算の性質をもっていた。つまり、その夜アーロンは、デザート抜きにされたのだ。けれど、アーロンはただお仕置きをされただけで、そのあとは放っておかれたわけではない。魔法の効きめがある言葉できちんと説明も受けたのだ。

「鉛筆がなければ、ジミーは試験を受けられないでしょう?」「うちの家族は泥棒じゃありません」などと、さまざまな角度から自分の行為のどこが悪いのか、説明されたのである。アーロンはまた、謝罪の手紙を書きなさいと指導された。

何年にもわたって、このように一貫した説明が与えられた結果、アーロンの行動は、次のようなステップを踏んで変化していく。

1. 将来、禁じられている行為と似たような行動を起こそうという気になったとき、アーロンはこれまで受けてきた懲罰のことを思いだす。すると、当時の生理的な不快感がよみがえり、居心地が悪くなる。

2. アーロンはこの落ち着かない気分に対して、「内的帰属」をおこなう。つまり、これは自分が悪かったせいだと納得するのだ。そして、「あのとき、ジミーが試験で悪い成績をとっていたら、ぼくはイヤな気分になっていただろう」「同じことをされたら、ぼくだって頭にきただろう」「ぼくはあのときよりいい人間になっている」などと考える。子どもにこの「内的帰属」をおこなわせるには、子どもが悪いことをしたあと、親が叱る際に、きちんとその理由を説明しなければならない。

3. いま、アーロンには、自分が落ち着かない気分になっている理由がわかっている――そして、そんな気持ちになりたくないと思っている。彼はもう、あのとき得た教訓をほかの状況にあてはめられるようになっている。「ジミーから消しゴムを盗んだりしちゃいけない」「いや、盗みそのものを絶対にやっちゃいけないんだ」というように。

誘導的しつけをおこなえば、子どもに道徳心を与え、それをさまざまな場面で適用させることができる――そして、その道徳心は私たちに生来そなわっている良心と一致する。ところが、なんの理由も説明されずに、ただ罰だけを受けた子どもは、こうしたステップを踏まない。罰を受けたのは、自分が悪いからではないと考えるからだ。そして、権力をもつ人間を警戒するようになる。自分の胸のうちの道徳のコンパスに従って理性的に行動するのではなく、外部の脅威と思えるもの次第で行動を変えるのだ。

ステップ２へと導かれなかった子どもは、ステップ３に進むことができない。

結論。

親が一貫して明確な境界線を示し、その境界線を越えてはならない理由をきちんと説明すれば、たいていの子どもは道徳心を育てられるようになる。

すべての子どもに有効な方法はない

ここで、「たいていの子ども」と述べたのには理由がある。誘導的しつけにはたしかに効果があるけれど、万人に有効な方法ではない。そこには子どもの気質が大きくかかわってくるからだ。

こわいもの知らずで衝動に駆られやすい子どもに対しては、誘導的しつけがあまり有効ではない場合もある。

その反対に、厳しいしつけを受けた場合、こわいもの知らずの兄弟姉妹なら軽く受けながしたり無視したりしても、こわがりの子どもは身を縮めるほどおそれて、パニックを起こしてしまうかもしれない。そうした子どもには、もっとやさしく接する必要がある。

どんな子どもにもルールは必要だけれど、脳はそれぞれ配線が異なる。だから、わが子の感情がどのような状態にあるのか、細部まで把握しなければならない——それに応じて、しつけの手法を変えていく必要があるのだ。

お尻を叩いてもいいの？

――1か月間に2回以上、お尻を叩かれた3歳児は、5歳になったときに攻撃的になる確率が50％以上高い

「しつけの一環として、子どものお尻を叩いてもいいのか」問題には賛否両論があり、いまなお議論が繰り広げられている。

実際、子どものお尻を叩くしつけを禁じている国も多い。

一般に、お尻を叩くのは前述の「除去的弱化」のカテゴリーに分類される。

長年、大勢の研究者たちがこの手法の有効性を評価しようと奮闘してきたが、その結果、混乱が深まることも多かったうえ、期待とは正反対の結果が生じたこともあった。

最近、物議をかもしたのは、アメリカ心理学会の支援を得て児童発達の専門家で構成された委員会が5年にわたり実施した、研究論文のレビューだ。その結果、委員会は体罰に反対する姿勢を表明し、ほかの懲罰と比べてお尻を叩かれた子どもは問題行動を起こしやすくなるうえ、攻撃的になり、抑うつ状態になりやすく、不安を覚えやすくなり、ＩＱが低くなると発表したのである。

テュレーン大学公衆衛生学部の研究者キャサリン・テイラーが実施した2010年春の研究でも、その結果が裏付けられた。1か月間に2回以上、お尻を叩かれた3歳児は――子どもによる攻撃性の違い、母親のうつ病、アルコールや薬物の使用、配偶者からの虐待といった要因を考慮に入れたあとでさえ――5歳になったときに攻撃的になる確率が50％以上高かったのである。

子どもの脳のなかでは、「延滞模倣」と「道徳的価値観の内在化」のあいだでせめぎ合いが生じている。そして尻叩きは暴力をともなうため、尻を叩かれて育った子どもは道徳心を育むのではなく、のちにその暴力を真似る可能性のほうが高くなるのだ。

なぜ尻叩きに関しては、賛否両論があるのだろう？

そもそも、尻叩きを認めるべきではないのに？

もっともな疑問だ。

誘導的しつけには、大変な努力が必要となる。

いっぽう、子どもを叩く行為には、なんの努力も必要ない。

私の意見では、**体罰は子育ての怠慢にほかならない**。

読者のみなさんにお伝えしておくが、妻も私もいっさい体罰はおこなっていない。

子どもが好むしつけとは

だいぶ前の話になるが、複数の研究者のグループが子育てのやり方について、子どもの意見を聞くことにした。高度な調査技術を駆使して、彼らは園児から高校生までを対象に、効果があったと思うしつけと、効果がなかったと思うしつけについて質問をした。

どの質問も工夫がほどこされていて、たとえば、子どもたちはまず悪さをする子どもに関する話を聞かされたあと、「親はどうすべきだと思いますか？　あなたならどうしますか？」と尋ねられる。そして子どもたちには、しつけの手法のリストが渡された。

その調査の結果は、きわめて有益だった。

誘導的しつけが大差をつけて人気を集め、有効な育児法のトップに輝いたのである。

その次に好まれたのは、懲罰だった。

もっとも嫌われたのは？　親が愛情を示さない、あるいは自由放任の育児法だった。

こうした結果をまとめると、**子どもがもっとも好むしつけは、やさしく誘導しながらも、ときおり親の権威をぴりりとスパイスのように示すやり方だった。**

とはいえ、この結果は、質問に答えた子どもの年齢によっても異なる。４歳から９歳までの子どもは、ほかのどんな手法よりも――愛情を示さないやり方よりも――自由放任スタイルを嫌った。だが、これは18歳の子どもにはあてはまらなかった。

こうして全体像を見ると、社会によく順応できるうえ、道徳心がある子どもの育て方がはっきりと浮かびあがってくる。

子どもをあたたかく受けいれたうえでルールを定め、なぜそうしたルールを守らなければならないのかを絶えず説明していれば、気まぐれかつ独裁的ではない、道理をわきまえた公平な親として、子どもに認めてもらえるのだ。

こうした親は子どもから無視されたり反抗されたりするのではなく、子どもにルールを守ってもらえる確率がもっとも高い。

ダイアナ・バウムリンドが提唱した毅然とした育児法を覚えておいでだろうか――ルールをきちんと定めながらも、あたたかい子育てのスタイルを。この育児法が、統計から見ても、もっとも賢く幸せな子どもを育てる確率が高い唯一の方法だったのである。

こうした賢く幸せな子どもたちは、道徳心もしっかりと発達させていくだろう。

キーポイント

- 子どもの道徳心は時間をかけて発達し、親の的確なしつけを必要とする。
- ルールを決める際の三つの指針
  1. ルールを明確にしよう。
  2. 子どもがルールを守るたびに、すぐその行動を強化しよう。ときには、なんらかの行動を「しなかった」ことを褒める場合もある。
  3. ルールを定めたのには理由があることを説明する。
- 子育てをしている自分の姿をビデオに録画し、改善点を検討する。

おわりに

フランスの思想家ヴォルテールは「人はだれしも、自分がおこなわなかった善行において有罪である」と語った。わが子のことを思い、祈りを捧げると、私の頭にはいつだって疑問が浮かぶ――親としてわが子にできることが、すべてはできていないとしたら？

するとヴォルテールの言葉が脳裏に浮かび、まさにそのとおりだと、つくづく思う。

子どもの脳の発達について講演をおこなうと、親御さんはよく「もっと早く知りたかった」と感想を寄せてくださる。本書を読まれたみなさんも、ときおりそんなふうに感じたかもしれない。その気持ちはよくわかる。

私も子どもの脳のはたらきについて、新たな研究結果が発表され、裏付けられ、ときにこれまでの科学界の常識が誤りであることが指摘されると、講演を聞いた親御さんと同じような感想を口走っている。

「そうなのか。もっと早く知っておきたかった！」と。

そんなときには、友人からかけられた言葉に助けられている。

「子育てってものは、アマチュアスポーツだってことを忘れるなよ」

わが子が誕生すると、人はいやおうなしに子育てリーグの新人戦に参加することになる。でも、わが子もまた新米の人間であることを忘れないように。

育児はまず、親の期待どおりには進まない。

では、どうすれば科学をうまく利用できるのだろう？

そのコツは、シンプルに考えることだ。

本書には大きく二つのテーマがあり、それぞれが互いにかかわりあっている。それを理解すれば、読んだはしから忘れてしまいそうな情報を記憶にとどめておけるはずだ。

●共感から始めよう

最初のテーマは「共感」だ。他者の行動、そして、どうしてその行動をとるようになったのか動機を推しはかり、理解しようとする能力があって、共感は初めて可能になる。「心の理論」と呼ばれる能力を発達させることが、「共感」の第一歩だ。自分のことを優先しようとする気持ちを抑え、自分が味わったつらい思いもひとまず忘れて、ほかの人の声に絶えず耳を傾けようとする意欲をもつのだ。

共感する能力は、たしかに遺伝子によって生まれつき決まっている部分はあるものの、練習を重ねれば改善できる。土壌が種に栄養を与え、育てるのだ。

テレビ、ゲーム、テキストメッセージでは、共感する能力を育むことはできない。共感力には、ミラーニューロンなどの神経科学的な足場が必要となる。だからこそ、脳科学を扱う本書でも共感力をとりあげているのだ。

●感情に注意する

他人の立場に立ってものを考えることが必要であるなら、その際、どんな点に留意すればよいのだろう?

親が注意を払うべきなのは、わが子の「感情」だ。

自分にふさわしい友人をつくるときにも、倫理的に正しい決断をくだす際にも、その背後には感情がある。そして子どもの感情にしっかりと注意を払える親は、子どもの感情を安定させることもできる。

基本に立ち返れば、こうしたテーマはたった一文に要約することができる。

子どもの世界にどっぷりと浸かることを心がけ、わが子の気持ちに共感を示そう。

いい子育てをするには、このルールに従うのがいちばんだ。そのうえで、ほかにもいくつかルールを設け、それを一貫して守り、わが子にあたたかく接することを心がければ、子育てを始める準備をすべてととのえたといえる。

親はたしかに与えるけれど、与えられてもいる

その道中で、あなたはきっと興味深いことに気づくだろう。

子どもの感情の世界に足を踏み入れると、あなたの感情も豊かになることに。

うちの息子たちが生まれると、ほどなく、私は自分のなかで大きな変化が生じたことを自覚した——それは、いまなお続いている。自分よりも子どもの優先順位を重視するたびに、べつにそんなつもりはなくても、子どもたちをもっと率直に愛せるようになっていることに気づくのだ。

息子たちがよちよち歩きを始め、幼稚園に通うようになって、自分より子どもを優先するたびに、私は忍耐力も身につけていった。教え子たちにも、同僚たちにも、すばらしい妻にも、以前より辛抱強く接することができるようになった。そして、なにか決断をくだすときには、以前より慎重に熟考するようになった。妻の気持ちだけではなく、ふたりの幼い息子たちの気持ちも考慮に入れなければならないからだ。

不本意ながら、私はどんどん思慮深くなっている。そして、未来の世界についても以前よりずっと気にかけるようになった——うちの子たちがわが子を育てることになる世界を。

成長しているのは私のほうかもしれない。なにも私は、子育てがひとつの大きな自己啓発プログラムだなどと言うつもりはない。でも、育児という厄介きわまる世界では、社会契約が実際に双方向でおこなわれていることに感嘆の念を禁じえない。

読者のみなさんは、「おとなたちが子どもたちをつくりあげる」と思っておいでかもしれない。だが実際には「子どもたちがおとなたちをつくりあげている」のだ。子どもたちが自己を確立して自立すると、おとなも自立する。子どもたちは、奪う以上に多くのものを親に与えているのだ。

本書の執筆を終えるにあたり、最後に、みなさんにメッセージをお伝えしたい。

わが子を授かったばかりの親は、ときに「子どもに奪われてばかり」の気持ちになるかもしれない。でも、実際のところ、お子さんはあなたに「与えている」のだ。

子どもがほんとうに親に与えているのは「忍耐力」なのだ。

お子さんは癇癪を起こすこともあるだろうが、同時に、人格が発達するプロセスを目撃する特権をあなたにプレゼントしている。自分では気づかないうちに、あなたはひとりの人間を育てあげている。自分以外の人間の家令を務めるのがどれほどの特権であることか。

その事実を、いずれ、あなたも実感するだろう。

子育てとはなにもかも、人間の脳の発達に関することだと、私は本書で述べてきた。でも、それでは少々、表現が足りないかもしれない。

子育てとは、要は人間の心の発達に関することだ。本書に記されている内容で、新米の親御さんに知っていただきたいことは、これに尽きる。

謝辞

本書の出産にあたっては、大勢の助産師たちの力を借りた。みなさんには御礼の申しあげようもない。出版社のマーク・ピアソンの明るい楽観主義と疲れを知らぬ仕事ぶりに感謝する。鋭く、そして思いやりのあるコメントを寄せて、私を導いてくれた編集者のトレーシー・カチローにも深謝する。こんどビールをおごらせてくれ。

本書に査読という必要不可欠な酸素を供給してくれたジェシカ・サマーヴィル、ありがとう。やさしく励ましつづけてくれたキャロリン・ウェブスター＝ストラットンにも感謝。ダン・リーチは持ち前の好奇心、熱意、そして無数の会話で私を鼓舞してくれた。ブルース・ホスフォード、篤い友情、努力、変わらぬ支援をありがとう。アール・パーマーとジョン・レイティはインスピレーションを授けてくれた。リック・スティーヴンソンにはイラストの可能性と物語への愛情を教えてもらった。アリスとクリス・カンリスは、私が知るかぎりでもっとも親密な家庭を築きあげた──まさに真のロールモデルだ。そしてオールデン・ジョーンズの惜しみない献身と気遣いがなければ、本書の内容を細部まで自信をもってお届けすることはできなかっただろう。

最後に、家族に感謝を。愛しいふたりの息子、ジョシュとノアは、この文章の句読点より小さい存在だったときから、父と息子のあいだには真の愛が存在することを教えてくれた。そして妻のカーリ、私がこれまで会った人のなかでとびきりすばらしい人に、心からの感謝を捧げる。

訳者あとがき

わが子には幸せになってもらいたい。そして、できることならば、賢くなってもらいたい。それが、世の親御さんの願うところだろう。だから子どもが生まれると、育児書を読んでみたり、ネットで情報を集めてみたりする。でも、人によって言うことは違うし、なにがいちばんいいのか、本当のところはよくわからない……。

そんなふうに悩んでいるみなさんに、脳科学者として的確な助言をしてくれるのが、本書の著者であるジョン・メディナだ。分子発生生物学者として人間の脳の発達や精神障害の遺伝学的研究を専門とし、メンタルヘルスの専門知識をもつ遺伝学者として企業や公的研究機関の研究コンサルタントとして相談に乗ってきた。そして乳幼児が分子、細胞、行動レベルで情報を処理する方法を研究すべく、シアトルにタラリス研究所を創設し、ワシントン大学医学部生体工学科で教鞭もとっている。

まさに乳幼児の脳の発達に関するスペシャリストだ。

とはいえ、著者に堅苦しい雰囲気はまったくない。愛嬌たっぷりのユーモアある語り口で、知らないことだらけで苦労の多い「子育て」という重大な任務を、正確な情報を活用してぜひ楽しんでもらいたいと、読者をあたたかく励ましている。

子どもが幸せになるかどうか、そして賢くなるかどうかは、ある程度「遺伝子」の影響を受けると、著者は指摘する。でも、遺伝がすべてではない。子どもがどんな環境で育つかも、脳の発達に大きな影響を及ぼす。だからこそ親にできることはたくさんあるのだと、数々の科学的根拠を示しながら、その手法を紹介している。なかには少々意外な方法もあって、読者のみなさんは驚かれるかもしれない。親はつい「子どものため」と思って、子育ての方策をあれこれ練るけれど、それが逆効果を及ぼすことだってある。たいせつな子育てを後悔しないためにも、ぜひ本書を読み、お子さんのもてる才能をのびのびと開花させてもらいたい。

本書の原題は“*Brain Rules for Baby*”（赤ちゃんのためのブレイン・ルール）で、著者が記した「ブレイン・ルール」シリーズの2作目にあたる。「ブレイン・ルール」シリーズは累計100万部を超えており、赤ちゃんの脳の発達について説明し、賢く幸せな子どもを育てる手法を説明する本書は、育児書のバイブルとしてロングセラーとなっている。

本書は三部構成で、第一部では赤ちゃんを迎える前に知っておきたいことを、妊娠期から説明している。第二部では賢くて幸せな子どもを育てる秘訣を、遺伝子を「種子」に、生育環境を「土壌」になぞらえて説明している。そして、第三部では道徳心のある子どもを育てる秘訣を述べている。近年、道徳心（モラル）の欠如は大きな社会問題となっているし、子どもの道徳心を育むむずかしさを痛感している方も多いはずだ。著者は、厳しいながらもあたたかいしつけの手法を紹介しているので、ぜひ、参考にしてもらいたい。

なお、原書には赤ちゃんの「睡眠」を扱った章があったが、アメリカでは早い時期から赤ちゃんを別室で寝かせるなどの文化的な違いがあるため、著者の承諾を得たうえで、この「睡眠」の章を含め、原書の２割ほどを邦訳では省略させていただいた。ご了承いただきたい。

本書で訳者がいちばん驚いたのは、子育てには「夫婦仲のよさ」が欠かせないこと。なんと、子どもが生まれると大半の夫婦関係が悪化するにもかかわらず、夫婦仲が悪いと、子どもの脳の発達に悪影響を及ぼしかねないというのだ。

いやいや、子どもが生まれると、おそろしく忙しくなるし、そうなれば当然、夫婦の会話は減るし、夫婦仲が険悪になるのも仕方ないよと、あきらめの声をあげる方もおいでだろう。

でも、ご安心を。本書では夫婦ゲンカの四大要因を挙げ、その解決法も教えている。けっして学者然としていない、愛情とユーモアにあふれた著者の文章を読んでいると、その科学的根拠のある説明に納得できるうえ、読者の気持ちに寄り添う語り口に安心感を覚える。

本書は脳科学の育児書ではあるけれど、読者に人生の指針も示していて、とても読後感がいい。人生における「幸せ」とはなんだろうと、あらためて考えるきっかけも得られる。初めての妊娠や育児にとまどう親の肩をやさしく叩き、励ましてくれるようなぬくもりも感じられる。だからこそアメリカでベストセラーとなり、長い人気を誇っているのだろう。

本書の訳出にあたっては、ダイヤモンド社編集部の吉田瑞希氏よりさまざまなご教示を賜った。厚く御礼申しあげます。

ジョン・メディナの貴重な助言を、読者のみなさんが育児という楽しくも苦労の多い務めに活用してくださることを願って。

2020年1月　　栗木さつき

［著者］
ジョン・メディナ（John Medina）
分子発生生物学者として、人間の脳の発達や精神障害の遺伝学的研究を専門とし、研究コンサルタントとしてバイオテクノロジー産業や製薬産業でメンタルヘルスの研究に長年従事する。シアトルパシフィック大学脳応用問題研究所所長、また同大学の共同客員教授を務めるかたわら、ワシントン大学医学部生体工学科でも教鞭をとる。2004年には権威ある米国工学アカデミーの客員研究者に任命される。これまでにワシントン大学工学部の年間最優秀教授に一度、メリル・ダウ製薬会社から医師への生涯教育における年間最優秀教員に一度、生体工学科学生会から年間最優秀教授に二度選ばれている。また全米教育協議会のコンサルタントを務め、神経学と教育の関係について定期的に講演をしている。『Brain Rules』（邦訳『ブレイン・ルール』NHK出版）はニューヨーク・タイムズのベストセラーに選ばれ、世界シリーズ累計100万部を突破している。

［訳者］
栗木さつき（くりき・さつき）
翻訳家。慶應義塾大学経済学部卒業。訳書に『バレットジャーナル 人生を変えるノート術』『SINGLE TASK 一点集中術——「シングルタスクの原則」ですべての成果が最大になる』（ともにダイヤモンド社）、『WHYから始めよ！』（日本経済新聞出版社）、『奇妙な死刑囚』（海と月社）などがある。

100万人が信頼した脳科学者の
絶対に賢い子になる子育てバイブル

2020年1月22日　第1刷発行

著　者——ジョン・メディナ
訳　者——栗木さつき
発行所——ダイヤモンド社
〒150-8409　東京都渋谷区神宮前6-12-17
http://www.diamond.co.jp/
電話／03･5778･7232（編集）　03･5778･7240（販売）
装丁————小口翔平＋岩永香穂（tobufune）
本文デザイン—布施育哉
本文DTP——桜井淳
製作進行——ダイヤモンド・グラフィック社
校正————志村かおり（ディクション）
印刷————新藤慶昌堂
製本————ブックアート
編集担当——吉田瑞希

ISBN 978-4-478-10404-0